The Prince
Machiavelli

君主论

[意]**马基雅维利** 著　张瀚文 译

中国友谊出版公司

图书在版编目（CIP）数据

君主论 /（意）马基雅维利著；张瀚文译. -- 北京：中国友谊出版公司，2025. 6. -- ISBN 978-7-5057-6118-6

Ⅰ．D033.2

中国国家版本馆 CIP 数据核字第 2025JU2364 号

书名	君主论
作者	[意] 马基雅维利
译者	张瀚文
出版	中国友谊出版公司
发行	中国友谊出版公司
经销	新华书店
印刷	天宇万达印刷有限公司
规格	880 毫米 ×1230 毫米　32 开 6 印张　93 千字
版次	2025 年 6 月第 1 版
印次	2025 年 6 月第 1 次印刷
书号	ISBN 978-7-5057-6118-6
定价	45.00 元
地址	北京市朝阳区西坝河南里 17 号楼
邮编	100028
电话	（010）64678009

马基雅维利时代(1500年)的意大利,公国林立

作者 马基雅维利 画像

《君主论》手稿

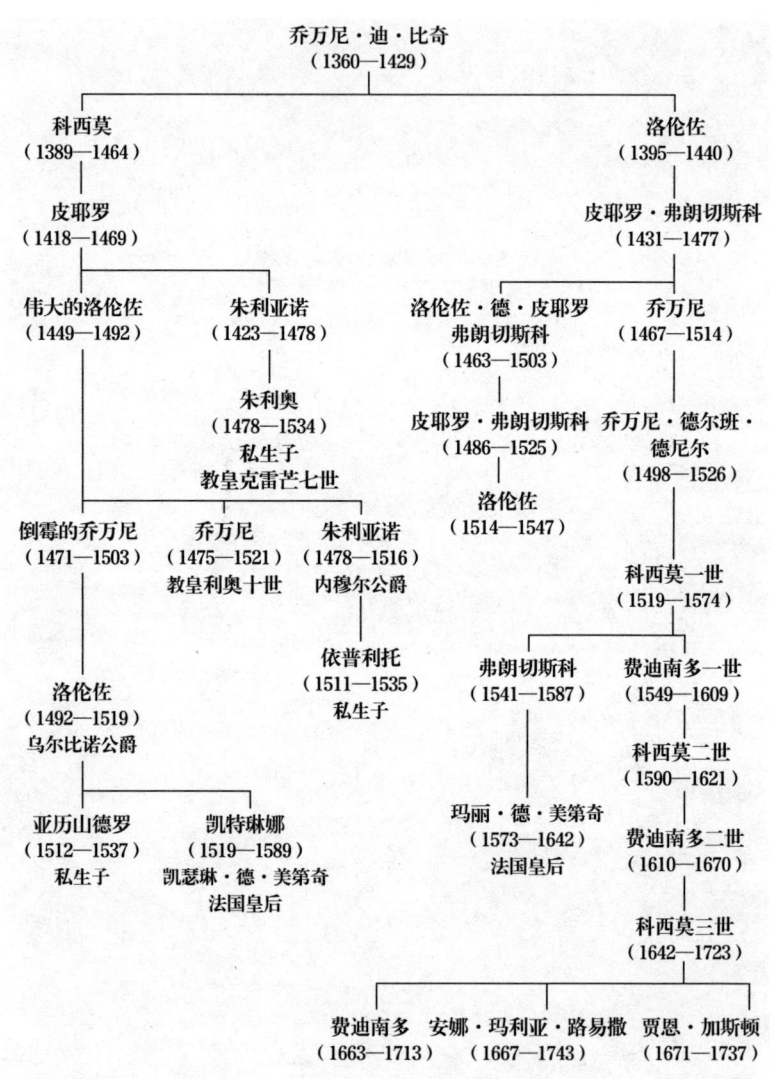

意大利美第奇家族族谱

目录
Contents

献　辞		1
第一章	论君主国的不同类型及建国方式	001
第二章	论世袭君主国	003
第三章	论混合君主国	007
第四章	论为什么亚历山大征服的大流士王国在他死后没有反叛他的继任者	019
第五章	论如何治理被征服前实行法律自治的城邦或君主国	025
第六章	论凭借自己的武力和能力获得的新君主国	029
第七章	论仰仗他人和幸运获得的新君主国	035
第八章	论以不正当手段成为君主	047
第九章	论公民君主国	055
第十章	论如何衡量君主国的实力	061
第十一章	论教会君主国	065
第十二章	论军队的类型及雇佣军	071
第十三章	论援军、混合军及国家军队	081

i

第十四章	论君主在军事方面的职责	087
第十五章	论世人品质之毁誉,尤以君主为甚	093
第十六章	论慷慨与吝啬	097
第十七章	论残忍与仁慈,以及受人爱戴与令人畏惧的权衡	101
第十八章	论君主当如何守信	107
第十九章	论君主应设法避免为人轻视与憎恨	113
第二十章	论堡垒及其他君主惯用策略之利弊	129
第二十一章	论君主应如何自处以赢得声望	137
第二十二章	论股肱之臣	143
第二十三章	论远佞臣	147
第二十四章	论意大利的君主为何亡国	151
第二十五章	论命运对世事的影响,以及如何与之抗衡	155
第二十六章	论呼吁解放意大利,以摆脱蛮族统治	161

附 录

马基雅维利大事年表　　　　　　　　　　　　　168

献辞

马基雅维利献给伟大的洛伦佐·迪·皮耶罗·德·美第奇①

---

① 洛伦佐·迪·皮耶罗·德·美第奇(1492—1519)：意大利美第奇家族成员，1513年起成为佛罗伦萨实际统治者，1516年至1519年兼任乌尔比诺公爵。他的祖父即名噪一时的"伟大的"洛伦佐·德·美第奇，女儿凯瑟琳后来成为法国王后。——译者注，后文若无特殊说明，皆为译者注。

寻求君主恩宠者，常怀揣自认为最贵重或最能取悦君心之物。是以骏马、铠甲、金帛、宝石，诸如此类彰显君主尊荣的贵重礼物，浩浩荡荡、络绎于途。我渴望以同样的方式，向陛下表达我的忠诚。倾我所有，最为我珍视和推崇的，莫过于我对伟人事迹的深刻认识。这些知识得益于我对当代事务的长期经验，也离不开我对古代历史的潜心钻研。对于这些知识，我经年累月地孜孜思考并详加考查，现已整理成册，呈与陛下。我深知拙作难入陛下青眼，但仍斗胆呈上，仰陛下仁爱，拙作能蒙您嘉纳，聊表寸心。因为，除了能让陛下在短时间内领悟我历经数年艰辛、克服重重险阻所获得的知识与智慧外，我实在拿不出更为珍贵的礼物了。

在这部著作中，我并未以圆滑的编排雕琢，也未用瑰丽的辞藻夸大其词，更未添加华而不实的修辞或噱头——这些皆是众多作者为了增添文章光彩惯用的技法。我由衷期盼，拙作能够凭借内容真实和题材厚重赢得认可。若不能，便任其湮没无闻。

私以为，地位卑微之人敢于对君主行止发表见解，此举不应被斥为僭越。正如绘制地图者，时而低伏平原以仰望山峦之高，时而高踞山巅以俯瞰平原之广。同理，身为君主者更需躬身体察民情，唯有深入臣民之中，方能真正领悟为君之道。

因此，恳请陛下体恤我的心意，收下这份薄礼吧。若陛下能拨冗垂阅拙作，定能感受到我的拳拳之心：愿陛下荣登高位，这是命运之神与陛下赫赫功绩共同铸就的伟业。有朝一日，待陛下自云端之巅回望这片低洼之地，您会明白，我是多么无辜地承受着命运满怀恶意的捉弄。

——尼科洛·马基雅维利

第一章

论君主国的不同类型及建国方式

The Prince

古往今来，统治万民的国家和政权，无外乎共和国与君主国。君主国可细分为世袭与新立两类。

世袭君主国的王权，源自古老的家族传承，世代不衰。

新立君主国，可以是全新的，如弗朗切斯科·斯福尔扎[①]统治的米兰公国；也可以是世袭君主国征讨得来的附属领地，如西班牙国王治下的那不勒斯王国。这些被并入的新土地，有的早已习惯君主统治，有的向来崇尚自由。征服它们的方式，或是依靠自身或外部武力，或是凭借运气或能力。

[①] 弗朗切斯科·斯福尔扎：1401—1466，意大利雇佣军指挥官，1450年通过政治联姻与军事策略夺取米兰政权，晋升米兰公爵，成为米兰的实际统治者。

第二章

论世袭君主国

The Prince

我在其他地方①已经详尽论述过共和国，此处不再赘言。接下来我将专门讨论君主国，并遵循前文提及的思路，进一步分析如何治理和维系这些君主国。

　　我认为，在习惯君主家族统治的世袭国家维系政权，困难要比在新立的君主国里小得多。先王陈法，不可轻易；顺势应时，这已足矣。如此，就算君主才能泛泛，他也能成为守成之主，除非遭遇某种难以抗拒的外力而失去权力；即便如此，只要篡位者遇到任何不幸，哪怕是最微小的变故，君主都有可能重新夺回王位，光复中兴。

---

① 马基雅维利的另一部享誉世界的杰作《论李维》(Discourses on Livy)，是他深入研读李维《罗马史》前十卷后的心得感悟。他在书中阐述的政治哲学思想，对卢梭的《社会契约论》产生了深远的影响。

意大利的费拉拉公爵①就是这样的例子。若非他们家族在那片土地上的统治早已根深蒂固,他们既无力抵御1484年威尼斯人的侵袭,也难以抗衡1510年教皇尤利乌斯②的攻伐。世袭君主,出身显赫,鲜有机会亦无须开罪他人,因此他们理应深得民心、广受爱戴,除非其行径恶劣至极,为人所憎。此外,长期且稳定的统治往往会抹去引发变革的记忆与动因,毕竟每一次变革总会为后续的变革埋下某些伏笔。

---

① 费拉拉公爵:在教皇辖地费拉拉执政的埃斯特家族的埃尔科莱一世(在位:1471—1505)和阿尔方索一世(在位:1505—1534)。这个家族从1208年起就同萨林圭拉家族轮流统治费拉拉。
② 尤利乌斯:尤利乌斯二世(1443—1513),罗马教皇,又译儒略二世、朱利叶斯二世。1503年至1513年在位。他以武力收复了除费拉拉之外的全部领地,致力于政教合一,鼓励艺术创作,被誉为"政治教皇""战神教皇"。

第三章

论混合君主国

The Prince

新立君主国困难重重。首先，如果这个国家并非全新，而是君主旧领地的延伸，从而形成了所谓的混合君主国，那么这种新国家遭遇的变故往往都是一致的：人们总想着改善自己的处境，随时准备更换主子；这种期望驱使他们拿起武器反抗统治者，殊不知这不过是自欺欺人，他们最终发现自己的处境甚至不如从前。这其实是自然而然的结果：君主不可避免地会伤害他的新臣民，无论是为驻军提供食宿，还是其他伴随占领而来的无尽烦扰。这样一来，您就会发现，那些在争夺王位过程中伤害过的人都成了您的敌人，而您又无法跟那些帮助您夺取政权的人保持长久的友谊。因为您既不能像他们期望的那样慷慨地奖赏他们，也不能采用强硬的手段对付他们，毕竟他们对您有恩义。此外，纵使您的军队所向披靡，在进入新领地时，总要博得当地居民的好感。

　　正因如此，法王路易十二在迅速占领米兰后，又迅速失去了它①；特别在第一次收复米兰之际，卢多维科·斯福尔扎②仅凭自己的军队就成功地将法国人赶走。因为那些打开城门迎接法国国王的人在发现自己的期望和未来的好处落空后，再也无法忍受这位新君主的蛮横无理。

诚然，一度反叛的地方被重新征服后，它就不易再度失守。因为君主会借叛乱之机，毫不犹豫地严惩罪犯，审讯嫌疑人，在原本薄弱的环节加强守备。正因如此，当初卢多维科公爵只需在边境上煽风点火，便足以让法国人首度失守米兰；但若想从法国人手中夺回米兰，就必须集结全世界的力量来与之抗衡，摧毁其军队，并将其逐出意大利。这一切皆如前文所述。然而，法国国王竟二度失守米兰。

法王首度失守米兰的一般原因已经说明。这里还需要谈谈导致二度失守的缘由，并看看法王当时可能采取的补救措施，或分析类似处境下的其他君主可以采取哪些策略以更成功地维持占领。在我看来，被吞并的领土若与君主的古老领地地理相邻，往往与这些领地上的臣民位于同一地区、使用

---

① 法王路易十二（1462—1515）曾在1499年短暂地征服米兰，但仅仅一年后，米兰便风云突变，统治权再度回到米兰公爵手中。
② 卢多维科·斯福尔扎：1452—1508，弗朗切斯科·斯福尔扎的次子，1494年被罗马教皇封为米兰公爵。1499年9月法军进攻米兰时逃亡德国，次年2月米兰发生反法起义，卢多维科迅速复辟，不久又被法军击败。

同一语言（当然也可能并非如此）。如果同文同种，尤其是如果那些臣民缺乏自治习惯，维持占领则相对容易。欲使统治坚如磐石，只需切断过去统治他们的王族血统足矣。在其他方面，只要传统的生活方式得以延续，风俗习惯相近的人自会相安无事。布列塔尼、布尔戈尼、加斯科涅和诺曼底便是如此[①]，它们早已融入法国。虽说语言存在些许差异，但习俗相近，自然就能和睦共处。因此，占领并意图维持统治，必须做到以下两点：一是根除旧君主的血脉，不留隐患；二是保持当地法律和税收不变。这样一来，新吞并的领土很快就会与旧领地浑然一体。

但是，征服语言、习俗和法律都不相同的领土无疑困难重重。要克服这些困难，需要极大的运气和高超的应对能力。在这种情况下，最佳且最有效的办法是君主亲临、居而治之，这样方能稳固基业。土耳其人占领希腊就是如此。[②]如若不然，无论土耳其人采取多少预防措施都难保万全。唯有君主移跸当地，乱事初起便以雷霆之势平息事态；但若君主远隔千里，待到天下大乱方才知晓，不免为时已晚。此外，御驾

[①] 以上各地归并于法国的时期：布尔戈尼为1477年（路易十一世）、布列塔尼为1491年（查理八世）、加斯科涅为1453年（查理七世）、诺曼底为1204年（腓力二世）。——编者注
[②] 指15世纪奥斯曼帝国占领巴尔干半岛。

亲征，官员自不敢强取豪夺、肆意妄为；臣民也乐于随时向君主求助。于是，心悦诚服的人更有理由心生爱戴，心怀异志的人则更有理由心生畏惧，想要进犯的外部势力也将踌躇不前。总之，只要君主坐镇在那里，要想赶走他，势必难如登天。

另一个权宜之计是在新领地选择一两个关键所在建立殖民统治。这样做至关重要，否则君主不得不保持相当数量的骑兵和步兵来守卫这片区域。君主的殖民统治花费无几，他只需支付很少费用甚至不支付费用就能实现移民驻屯。唯一会因此感到不满的是那些田地房舍被征收给新移民耕种和居住的当地人。然而，受到损害的不过是社会上无足轻重的一小部分人，他们分散且穷困，无法构成威胁。其他人因为没有受到侵扰，所以容易被安抚；同时，他们也不敢轻举妄动，以免落得被剥夺财产的下场。总之，殖民统治不仅比驻军花费更少，而且更加忠实可靠，引发的不满只会更少。至于那些受到损害的人，由于他们一贫如洗、流离失所，自然也掀不起风浪。

应当注意，君主要么善待当地人，要么就彻底击垮他们。因为轻微伤害只会激起复仇之心，沉重伤害则让人有心无力。所以，伤害应当达到让人不敢轻言报复的程度，以绝后患。

可是，如果不用殖民统治而是派遣军队，只会靡费甚巨，甚至不得不把领地的收入全都用于防务。这样反而得不偿失，更激民愤。频繁调动军队会让整个国家蒙受苦难，结果就是徒增民怨、四处树敌。这些曾被击败的敌人，现在仍留驻家乡，破坏力不容小觑。因此，无论从哪个角度看，驻军防务都无甚益处；相反，以殖民来构筑防务才是明智之举。

君主在法律和语言都与本国不同的土地上建立了新政权，他首先应充当邻近弱小势力的首领和保护者；其次，他应不遗余力地削弱周边的强大势力；同时，他还要阻止旗鼓相当的外部势力擅自进入这片区域，因为总有一些不满现状的当地人，他们或是野心勃勃，或是胆战心惊，进而引狼入室，让外部势力得以长驱直入。就像历史上曾经发生的那样，埃托利亚人将罗马人引入希腊，① 而罗马人每到一处，总有当地人做内应。通常的情况是：令人生畏的外部势力一旦进入某个地区，那里的弱小势力无不竞相依附，因为这些弱小势力对之前凌驾于他们之上的人心怀愤恨。对于这些弱小势力，君主无须费力争取，因为他们迫不及待地想要主动归顺。只要不让这些势力坐大，君主凭借自己的武力，加上他们的

---

① 公元前2世纪，为了反对与迦太基人结盟的马其顿国王腓力五世，埃托利亚同盟决定寻求罗马支持，罗马人由此进入希腊。

支持，便能轻松弹压其他强硬势力，主宰当地事务。如果君主不能妥善地处理这件事，他很快就会失去得到的一切；即使他还占有那片土地，也会遇到无尽的麻烦和困扰。

罗马人在他们占领的地区很好地遵循了我所描述的策略。他们推行殖民，安抚弱小势力又不使之坐大，压制强硬势力，从不给强大的外部势力可乘之机。希腊的例子足以说明这一点。在希腊，罗马人收买亚该亚人和埃托利亚人，挫败马其顿王国，还将安条克[①]赶走。然而，罗马人从不允许亚该亚人和埃托利亚人居功自大；无论腓力[②]如何巧舌如簧，想同罗马人结为盟友，都未能阻止罗马人将他打倒；安条克尽管权势滔天，也未能让罗马人答应他在希腊境内施展影响力。

所有英明的君主都应效仿罗马人行事：他们不仅要顾及眼前的困难，更要未雨绸缪；他们唯有高瞻远瞩、深思熟虑，才可能做到防微杜渐、防患于未然；如果养痈成患，直至病入膏肓，再去救治就为时已晚。医生们所说的"痨病热"便是如此：此病初起，易于治愈却诊断困难；时日一久，诊断起来倒是不费劲，但因初期未得诊治，再想治愈便难乎其难了。

---

① 安条克：安条克三世（前241—前187），叙利亚国王，公元前192年入侵希腊，公元前190年被罗马人逐出希腊。
② 腓力：腓力五世（前238—前179），马其顿国王，公元前197年败于罗马，此后罗马人逐渐控制了马其顿。

国家事务也是如此。英明的君主能在祸乱初现端倪时就洞悉秋毫，这时解决问题轻而易举；但若贻误先机，任其发展下去，待到人尽皆知时，那便无力回天了。正因如此，罗马人早早预见了问题，防患于未然，从不为了避免战争而放任事态发展。他们深知，战争不可避免，延宕时日只会让对手占得先机。因此，他们选择在希腊同腓力和安条克作战，以免战火波及意大利。当时他们大可不必发动这两场战争，可是他们没这么做。他们不会像我们这个时代的"聪明人"那样，整天把"享受时间的恩赐吧"挂在嘴边。他们追求的是自己勇气和远见的成果。时光前行，万物随之流转；时间可能赐予福祉，也可能带来灾祸。

现在我们回过头来看看法国的情形是否如我之前所提到的那样。我要谈论的是路易，而不是查理①，因为路易占有意大利的时间更长，他的行事方式更加一目了然。您会发现，他的所作所为，与维持一个国外领地所应采取的策略大相径庭。

路易国王是被威尼斯人的野心牵引至意大利的。威尼斯人意图借助他的到来，瓜分伦巴第的半壁河山。对于国王此

---

① 查理：查理八世（1470—1498），法国国王，1495年攻占那不勒斯。由于没有子女，查理八世过世后，路易十二承袭王位。

行和他的作为，我无意多加评论。国王想在意大利站稳脚跟，但在这里他并无盟友。相反，由于查理的种种恶行，路易国王四处碰壁，不得不接受他能得到的有限友谊。要不是在其他方面犯下错误，他本可以如愿以偿。

在收复伦巴第之后，路易很快挽回了查理失去的声望。热那亚俯首称臣；佛罗伦萨人与之结盟；曼托瓦侯爵、费拉拉公爵、本蒂沃利家族①、弗利伯爵夫人②，法恩扎、佩萨罗、里米尼、卡梅里诺和皮翁比诺的领主们，还有卢卡、比萨和锡耶纳的市民们，纷纷前来示好。威尼斯人为了得到伦巴第的几个城镇，竟让法国国王成为意大利三分之二领土的主人，到了这时，威尼斯人不得不为自己的莽撞行为追悔莫及。

因此，我们不妨想想看，如果路易国王遵守了前述的准则，他本可以轻松驾驭意大利的局势。他那些朋友，软弱无能、胆小怯懦，不是害怕教廷，就是惧怕威尼斯人，因此不得不依附于他，寻求他的庇护。这些朋友单个势力虽弱，但人数众多。有了他们的帮助，他可以保护自己免受其他强大势力

---

① 本蒂沃利家族：博洛尼亚统治者，1506年被教皇尤利乌斯二世驱逐，1511年再度掌权。
② 弗利伯爵夫人：1463—1509，原名卡泰丽娜·斯福尔扎。1488年丈夫吉罗拉莫伯爵离世后，她接管家族领地。出身于佣兵世家的她，凭借捍卫领地与经营国防的才能受到赞誉。

的威胁。然而他一到米兰就反其道而行之，帮助教皇亚历山大①占领罗马涅。他没有意识到，在附和占领行动的过程中，他疏远了朋友和那些投靠他的人，从而削弱了自己的实力。这也使得教廷如虎添翼：本来就拥有巨大的精神力量，而现在，教廷又获得了非同小可的世俗权力。在犯下了第一个错误之后，他只好一错再错，以至于最后他不得不亲自前往意大利，以遏制教皇亚历山大的野心，防止教廷掌控托斯卡纳。

对路易来说，助长教廷势力和失去朋友支持似乎还嫌不够，他还觊觎那不勒斯王国，竟然伙同西班牙国王②瓜分那不勒斯。原本他在意大利的地位是至高无上的，而今却引来了一位对手，使得那些野心家和不满者有了投靠之处。他本可以在那不勒斯扶持一位傀儡国王③，但他却废黜了这位国王，迎入一个强大到足以驱逐他的人。

毫无疑问，获取（领土）的欲望是人之常情。人们在尝试力所能及的事时，往往会受到赞扬而非责难。但是，一旦

---

① 亚历山大：亚历山大六世（1431—1503），罗马教皇，出生于西班牙，1492年至1503年在位。1493年，正是在他的仲裁下，西班牙和葡萄牙划定了殖民地势力范围的分界线，即著名的"教皇子午线"。
② 指斐迪南二世（1452—1516），"天主教徒"，西班牙国王，西班牙统一的奠基者，大力推行扩张政策。
③ 指费德里科一世（1452—1504），那不勒斯国王。1496年继位，不久即遭法王路易十二入侵，被迫流亡。

他们力有不逮，不幸和非难便会接踵而至。因此，若法国单凭自身之力就足以攻克那不勒斯，则应果断为之。反之，若实力不济，便不应妄图瓜分。如果说，为了在意大利立足而伙同威尼斯人瓜分伦巴第还值得称道；这次瓜分那不勒斯则无法再以此开脱，因为已不存在类似的必要性。

所以说，路易犯下了五个大错：他吞并弱小势力；扶持当地强大势力；引入强有力的外部势力；未能亲自驻守；也未派遣殖民。如果他没有再犯下第六个大错——剥夺威尼斯人的统治权，那么在他的有生之年，所有这些过失都不至于给他带来灾难性的后果。因为，如果他不曾壮大教廷，也没有把西班牙人带进意大利，那么，使威尼斯人降服或许是合理的，也是必要的；然而，既然他采取了这些行动，他就绝不应该同意毁灭威尼斯。一方面，只要威尼斯人足够强大，他们就不会允许其他势力染指伦巴第；因为威尼斯人想要做伦巴第的主人，他们不可能容忍别人来争夺。另一方面，其他人也不会轻易从法国手中夺取伦巴第再转送给威尼斯，更不会有人敢冒险同时与法国和威尼斯为敌。或许有人会说，路易国王把罗马涅让给亚历山大，把那不勒斯让给西班牙，是为了避免战争。但基于上述理由，我的回答是：绝不能为了避免战争而牺牲自己的计划，因为战争不可避免，拖延只会对自己不利。还有人会说，路易国王为了换取教皇解除他的婚约①并任命安布瓦兹②为枢机主教，才答应为教皇出兵的。关于这一点，我在后面论述君主的信义及如何信守承诺时再予以回答。

路易国王之所以失去伦巴第，是因为他没有遵循那些攻城略地后决心守住城池所应采取的任何方法。这不足为奇，完全是情理之中的事情。就在瓦伦蒂诺公爵（切萨雷·博尔贾③，教皇亚历山大之子，人们通常这样称呼他）占领罗马涅时，我在南特曾与安布瓦兹谈及此事。枢机主教对我说，意大利人对战争一窍不通；我回答说，法国人不懂治国之道。如果他们懂得，就不会坐视教廷坐大。事实表明，教廷和西班牙在意大利的扩张是法国一手造成的，而这正是法国走向衰败的原因。因此，我们可以得出一条从未出错或极少出错的自明之理：成就他人的强大终将使自己一蹶不振，因为无论通过智谋还是武力去扶植，都会在被扶植者心中悄然埋下不信任的种子。

---

① 法王路易十二曾寻求教皇亚历山大六世的认可，解除与让娜公主（路易十一之女）的婚约，以便同查理八世的遗孀（布列塔尼的安妮皇后）结婚，巩固对布列塔尼和勃艮第公国的统治权。
② 安布瓦兹：乔治·安布瓦兹（1460—1510），法王路易十二的宠臣和"国王顾问"，由鲁昂大主教升任枢机主教。
③ 切萨雷·博尔贾：1475—1507，教皇亚历山大六世的儿子，曾出任西班牙枢机主教，后由法国国王路易十二册封为瓦伦蒂诺公爵。

第四章

论为什么亚历山大征服的大流士王国在他死后没有反叛他的继任者

The Prince

亚历山大大帝[①]在短短几年内就君临亚洲，然而他尚未完全征服这片土地就过世了。按理说，统治新征服的国家存在种种困难；他一死，他的国家很可能狼烟四起。可是他的继任者们还是保住了江山，除了他们自己的野心和相互猜忌外，并未遇到别的困难。

如果有人对此感到诧异，并询问缘由，我的回答是，我们记录的君主国，大体上有两种统治方式：一种由君主单独统治，其余众人皆是他的仆从；仆从蒙君主恩典和垂爱，作为朝臣协助君主治理国家。另一种由君主和大贵族共同统治，贵族地位并非君主恩赐，而是源自身世血统。这些贵族拥有自己的领地和臣民，是当地的主宰，深受臣民的自然拥戴。

---

① 亚历山大大帝：前356—前323，马其顿王国国王。他统一希腊、东征波斯、南侵埃及、远征北印度，极大地扩展了马其顿疆域，开启了希腊化时代。公元前323年在巴比伦病逝，年仅33岁。

由君主和他的仆从统治的国家，君主的权威无疑更为完整。因为在这片土地上，君主是独一无二、无可争议的最高统治者。诚然，臣民要服从朝臣和官吏，这完全是基于他们的职位，而非出于对他们的个人爱戴。

这两种政权形式，在当今的土耳其和法国国王身上都能找到例证。整个土耳其帝国由唯一的君主（苏丹）统治，其他人都是他的奴才。他将帝国划分为若干"行省"，向那里派遣不同的行政长官（总督），且能随心所欲地调动和撤换他们。相反，法国国王身边则围绕着一大批世袭贵族。每位贵族都得到自己臣民的承认和拥护，且按照爵位等级彰显自己的优先权。国王很少剥夺这种优先权，因为这样做简直就是自找麻烦。对比这两个国家的不同特点，我们可以发现，要想夺取土耳其的领土会很困难，但一旦得手，维持统治会相对容易。

攻克土耳其的障碍在于，入侵者无法获得当地贵族的相助，也不可能指望君主身边的亲信会叛变以提供帮助。如前所述，土耳其人都是君主的奴才，奴才对主子负有忠诚义务，故难以收买。即便笼络过来，也不能指望从中得到多大好处，因为他们做不到一呼百应，无法带动他人倒戈，其中缘由我已经解释过了。要进攻土耳其，需考虑到土耳其民众内部的团结，因而必须更多地依靠自己的力量，而不是指望对方发生分裂。可是，土耳其一旦战败，恐将溃不成军，他们的军队也难以重整旗鼓；需要担心的只是那些皇族血裔。不过只要斩草除根，便可高枕无忧，因为其他人在百姓心中并无威望。入侵者在胜利之前无所指望，胜利之后亦无须忌惮。

但在法国那样的王国里，情况恰恰相反：心怀不满和渴望变革的人大有人在；只要争取到王国某些贵族的支持，您就可以轻松地长驱直入。出于上述原因，这些人将为您的入侵开路，并帮助您轻而易举地征服他们的国家。然而，征服之后要维持统治则挑战不断：那些帮助过您的人，以及那些被您打倒的人，都会让您疲于应付。而且，就算铲除王族也无甚大用，因为还有其他贵族会成为新运动的领袖。您既不能满足他们，也不能消灭他们；一旦被他们逮到机会，国家很可能得而复失。

如果考察大流士政权的性质，您会发现它与土耳其的统治颇为相似。所以，亚历山大的首要之务是在战场上彻底击败大流士，剥夺他的统治权。大流士① 战败身亡，这片土地永久地归属亚历山大，理由如前所述。如果他的继任者们戮力同心，他们可以安享其国；只要他们不起内讧，王国就不

---

① 大流士：大流士三世（前380—前330），波斯帝国末代君主，曾率军与马其顿的亚历山大远征军交战，战败身亡。

会陷入动乱。

可是，统治像法国这样组织的国家，就不可能这般四平八稳了。西班牙、高卢和希腊反抗罗马人的起义此起彼伏，就是因为这些地方有着为数众多的小君主国。只要人们还记得这些小君主国的存在，罗马人就不会认为自己的统治是稳固的。只有当罗马人的权威和长期统治把这些记忆消磨殆尽后，他们才获得了稳固的统治权。即便罗马人后来内斗不断，由于他们各自在这些地区建立起了威信，因而都能各掌一方。而那些旧家族早已断绝，人们只承认罗马人的统治。

通盘考虑这些因素，我们就不会对亚历山大轻而易举地牢固统治亚洲感到惊讶，同时也不难明白为何皮洛士[①]和其他众多征服者难以保住自己打下的疆土。这不取决于征服者功绩的大小，而取决于他们与之打交道国家的不同性质。

[①] 皮洛士：前319—前272，伊庇鲁斯国王，生于亚历山大大帝死后分裂的希腊化世界。他在与罗马人的战争中取得了胜利，但自己的部队也伤亡惨重。后世用 Pyrrhic victory（皮洛士式的胜利）比喻代价惨重、得不偿失。

第五章

论如何治理被征服前实行法律自治的城邦或君主国

如前所述，有些国家被征服之前，已经习惯按照自己的法律自由地生活。治理这种国家有三种方法：一是夷为平地；二是君主移跸；三是容忍他们沿用自己的法律，但要求他们称臣纳贡，并将治理权交由少数几位与您亲善的当地人。这样由新君主一手扶植的政权，深知自己没有君主的庇护和支持压根无法立足，故而会不遗余力地维护君主。而且，如果君主意图维持城邦自治，借助市民的力量治理，这比其他任何方法都来得容易。

斯巴达人和罗马人的历史提供了所有这些方法的例子。斯巴达人在雅典和底比斯建立寡头政治来控制这些城市，但最终还是失去了它们。罗马人为了永久控制加普亚、迦太基和努曼提亚，选择摧毁这些城市，果然没有得而复失。然而，尽管罗马人试图像斯巴达人那样控制希腊，给予希腊自由并允许其按照自身法律自治，结果失败了。他们不得不摧毁希腊的许多城市来维系政权。事实上，除了加以摧毁，没有其他可靠的办法来实现对自治城邦的控制。任其成为自治城邦的主人却不加以摧毁，最终都可能为城邦所毁。因为，如果城邦要反叛，它总能以自由的名义和古老的秩序来掩护自己；而这两样东西，无论历经多长的岁月，无论蒙受多大的恩赐，都不可能被遗忘。无论采取何种措施和防范手段，都无济于事。除非将那里的居民彻底驱散，否则那个名义（自由）、那个秩序（法治），将永远被铭记；一旦"时机"来临，它们就会立刻被用来反对统治者，就像比萨人在被奴役了百年之久仍奋起反抗佛罗伦萨人一样。

然而，如果新占领的城邦或地区习惯了君主统治，而君主的血脉已然断绝，那么，一方面他们习惯了臣服，另一方面他们昔日的统治者不复存在，他们做不到自行推选新的领袖。因为他们不知道如何作为自由人过活，所以轻易不会拿起武器。这使得外来者能够轻松地赢得他们的支持，并使他们依附自己的统治。共和国则不然，那里活力充足，积怨更深，复仇的欲望也更强烈。对昔日自由的缅怀也使那里无法平静。因此，最为稳妥的办法就是彻底加以摧毁，要不就融入当地生活。

第六章

论凭借自己的武力和能力获得的新君主国

The Prince

在我即将谈到的话题中，关于全新君主国的君主和政权形式，我会提及一些最为卓越的历史范例，请不必对此感到惊讶。因为人们总是步他人后尘，效法他人事迹，尽管做不到完全合辙，也往往达不到想要企及的高度。然而，明智的人总应当追随伟人的步伐，效仿那些出类拔萃的人，如此一来，即使无法达到他们的完美境界，也能沾染上几分他们的风采。这就像熟练的弓箭手，当他发现想要射中的目标距离太远，而自己的弓力有所不及时，他会瞄准比目标高得多的地方；这不是要射中高处，而是让箭矢飞得更高，以便下落时能命中目标。

　　因此，我要说的是，在新立的君主国中，如果君主本人新上任，那么他维持统治的难易程度视乎他自身能力的大小。而且，由普通人跻身王侯，这本身就预示着他要么有能力，要么有运气。在某种程度上，两者任居其一都会减少诸多困难;不过,那些不那么依赖运气的人,往往最终能取得更大的成功。如果这位新君主除了新征服的领地外没有其他土地,那他最好亲自驻守,这或许对他更有利。

说到那些凭借自身能力而非运气成为君主的人,我认为摩西、居鲁士、罗穆卢斯、忒修斯①等人最为出色。也许我不应该提及摩西,因为他只是在执行上帝的旨意,但那种让他有资格与上帝对话的品格,令人尊崇。如果我们细想一下居鲁士以及其他那些征服或缔造王国的人,就会发现他们同样令人赞叹。看看他们的作为和他们建立的制度吧,与摩西并无二致,尽管摩西得到了伟大导师的指引。我们再来看看他们的事迹和生平:命运除了赋予他们机会外,别无他物;他们把握机会,按照自己的意愿塑造事物。没有机会,他们的愿景和能力只会白白浪费;没有实现愿景的能力,机会也只会白白错过。因此,摩西必须找到在埃及为奴、受埃及人压迫的以色列人,好叫他们愿意跟随、摆脱奴役。罗穆卢斯日后成为国王、缔造罗马,那么合该他在阿尔巴无家可归,

---

① 摩西:《旧约》希伯来先知和立法者。居鲁士:波斯帝国的奠基者,被称为"世界之王,伟大的王",伊朗历史上最伟大的君主。罗穆卢斯:罗马城的缔造者,传说幼时和弟弟被遗弃后,在母狼的哺育下长大。忒修斯:希腊神话中的雅典国王,阿提卡英雄,杀死了牛头人身的怪物弥诺陶洛斯。

他在出生时就孤立无依。居鲁士有必要发现波斯人对米底人[①]的统治感到不满，而米底人承平日久，已变得颓废和懦弱。忒修斯当年若不是发现雅典人形同散沙，也不可能展现出他伟大的才华。这些人之所以幸运，固然是他们的机遇使然，但更重要的是，他们凭借自身才能认识到这些机遇并功成名就。他们的国家也因此日月重光、国运昌隆。

像他们那样通过正当途径成为君主的人，筚路蓝缕，维持国祚则相对容易。立国时的种种困难，主要源于他们在建立和巩固政权时被迫引入全新的典章制度。要知道，没有比领导变革更棘手、更危险、更难成功的事情了。因为，改革者将成为所有既得利益者的敌人，而只会得到新秩序下可能受益的人不太坚定的支持。这种不冷不热的态度，部分出于恐惧，因为他们的对手有着法律武器；部分源自怀疑的天性，除非"言之凿凿，确可信据"，否则他们永远不会承认新事物的价值。然而，结果是，反对变革的力量采取行动时，每每以盲目拥护者的全部热情发起攻击；相反，那些支持变革的人在自卫时却表现得如此软弱，以至于危及他们自身，也危及他们支持的变革。

---

① 米底人：生活在亚洲西部（今伊朗西北部），公元前550年左右为居鲁士所灭，之后逐渐与波斯人融为一体。

不过，为了更好地理解这部分内容，我们有必要弄清楚这些改革者是依靠自己还是仰仗他人。换句话说，为了实现他们的目的，他们到底是选择乞求，还是能够凭借武力取胜。如果是前者，他们总是进展不顺，终将一无所获；但当他们自立自强并诉诸武力时，则很少失败。因此，历史上拥有武装的领袖都取得了胜利，而那些赤手空拳的改革者则一败涂地。

除了前面所说的原因，还应记住，民众天性反复无常：说服他们相信某件事或许不难，但要他们坚信不疑，绝非易事。因此，事情须如此安排：当人们不再主动相信时，就动用武力迫其就范。试想，倘若摩西、居鲁士、罗穆卢斯和忒修斯当年手无寸铁，他们的法令绝不可能长久得到遵循。正如我们这个时代的吉罗拉莫·萨佛纳罗拉① 修士所遭遇的那样，一旦民众动摇信仰，他的新制度顷刻化为乌有；因为别无他法，他既无法让那些已经相信的人坚定信念，也无法让那些不相信的人产生信任。

因此，像这样的改革者，在推行自己的计划时，总会遇到重重困难。这些困难不过是他们通往成功路上的绊脚石，

---

① 吉罗拉莫·萨佛纳罗拉：1452—1498，意大利多明我会修士，文艺复兴时期佛罗伦萨的宗教领袖。他严厉讲道，积极推动宗教改革，同时强烈反对文艺复兴时期的艺术和哲学。1498年作为异端者被处以火刑。

只要拥有足够的勇气,他们都能一一克服。他们战胜这些困难后,会逐渐赢得人们的尊重。接下来,他们需要铲除那些嫉妒他们影响力的人,这样他们才能够真正稳固自己的地位,手握大权、受人景仰、享有无上尊荣。

除了上述伟人事迹,我还想补充一个例子。这个例子不那么引人注目,但也有着某些相通之处,我想,它可以成为其他这类事例的代表。我指的是锡拉库扎人希罗[①]的例子。从一个小人物一跃成为锡拉库扎的君主,他也要感谢命运的垂青。当时锡拉库扎人饱受压迫,选择希罗作为他们的首领。他履行了领袖的职责,不负众望地成为他们的国王。他还是平民的时候就展现出过人的才能,以至于为他作传的人写道:"他身具王者风范,独缺那王国的权柄。"他解散旧军队,组建新军队;他摒弃旧盟友,结交新盟友。他拥有自己的军队和盟友。以此为基础,他营造了自己属意的王国大厦。虽然他在夺取政权的过程中历经艰辛,但在巩固政权时显得游刃有余。

[①] 希罗:希罗二世(前308—前215),锡拉库扎(又译"叙拉古")僭主。他重用科学家阿基米德,对城邦发展做出了贡献。

第七章

论仰仗他人和幸运获得的新君主国

The Prince

那些单单靠运气好就从黎民百姓变成君主的人，发迹时几未费吹灰之力，但要维持自己的统治则不得不大费周章。他们在飞黄腾达的路上畅通无阻，如同插上翅膀般飞向目的地；待到他们安定下来，各式各样的困难便接踵而至。

大流士在爱奥尼亚地区的希腊城邦和赫勒斯滂①沿岸册封了不少君主，让他们为大流士的安全和荣耀守卫这些城市。这些人获得国家，要么是以金钱作为交换，要么是因得到授予他们权力者的青睐。正如历史上有些皇帝一样，他们靠收买军队以卑微之身跃居九五之尊。因人成事之辈完全依赖提携者的青睐和权势，没有比这种支持更不稳定或更不安全的了。他们既缺乏维持地位的知识，也缺乏相应的力量。说他们缺乏知识，是因为除非是天纵之资，否则不可能指望一直

---

① 赫勒斯滂：现称作达达尼尔海峡，位于土耳其西北部，是亚洲与欧洲的分界线。

过着寻常百姓生活的人突然懂得如何发号施令；说他们缺乏力量，是因为他们无法从隶属自己的军队中获得坚定的支持。而且，突然建立起来的国家，就像其他迅速生成和成长的事物一样，根基往往不够深厚，以至于第一场暴风雨来临就可能被连根拔起。除非，正如我之前说过的，这些突然成为君王的人有能力迅速学会如何捍卫命运之神赐予他们的礼物，并且能够在他们崛起之后打下别人在此之前打下的基础。

关于这两种成为君主的方法，即倚赖能力和倚仗运气，我将在记忆中选取两个例子来说明，分别是弗朗切斯科·斯福尔扎和切萨雷·博尔贾。弗朗切斯科·斯福尔扎借由恰当的手段和非凡的能力，由默默无闻的人变身为米兰公爵，几乎毫不费力地保住了他付出无数心血才得到的地位。切萨雷·博尔贾，即人们常说的瓦伦蒂诺公爵，则是依靠父亲的运势得到了君主之位，但也因此失去了君主之位。尽管他竭尽所能，采取了一个谨慎能干的人所能采取的一切权宜之举，力求在依靠他人武力和运气得来的国家中站稳脚跟。正如我所说的，一开始没能打牢地基，倒也可能依靠过人的能力事后弥补；但这会给统治者带来不便，也会给政权带来风险。如果我们细想一下瓦伦蒂诺公爵的种种筹谋，就会发现他为了奠定日后的统治基础确实煞费苦心。

我认为研究这些并非多余。事实上，我难以找到比这位公爵更恰当的例子来劝诫新君主了。如果说他的种种谋划最终没能给他带来成功，那不是他的过错，而是命运多舛、世事难为罢了。

教皇亚历山大六世在努力为他的公爵儿子壮大势力时，不得不面对诸多眼前和未来的困难。首先，他找不出合适的方法让公爵成为非教廷领地的君主，而如果他试图为公爵夺取一个属于教廷的领地，他知道米兰公爵和威尼斯人都不会答应，因为法恩扎和里米尼早已处于威尼斯人的保护之下。而且，他还看到，意大利的军队，尤其是他本可以调动的部分，全都掌握在那些惧怕他扩张势力的人手中。他们是奥尔西尼、科隆纳①及其党羽，他不能指望这些人。因此，有必要打破现有的秩序，使意大利陷入混乱，以便他浑水摸鱼，稳稳当当地夺取一部分。当他发现威尼斯人出于其他考虑，正密谋将法国人再次带入意大利时，他知道事情变得容易多了。因此，他非但未加反对，反而通过解除法国国王早先的婚约来推波助澜。

于是，路易国王应威尼斯人的请求，经教皇亚历山大同

---

① 奥尔西尼家族与科隆纳家族的世代仇隙深刻影响着罗马的政局，直到1511年教皇尤利乌斯二世颁布训令，两大家族的对立才得以停止。

意，长驱直入意大利。他甫入米兰，教皇就从他那里调来军队协助攻打罗马涅。慑于法军声威，罗马涅拱手称臣。就这样，在夺得罗马涅并平息科隆纳家族后，瓦伦蒂诺公爵希望乘胜追击，进一步扩大他的领地。然而，有两个因素使他踌躇不前：一是他的军队忠诚度不高；二是法国人的反复无常。他担心自己征召的奥尔西尼军队可能会背叛，不只会阻碍他征服更多土地，甚至会夺走他手头的地盘，而路易国王也可能有着同样的打算。在攻占法恩扎后，公爵又将矛头指向博洛尼亚。当看到奥尔西尼军队在进攻时流露出的不情愿，他便明白了他们并不可靠。在夺取乌尔比诺公国后，公爵又准备进攻托斯卡纳，但路易国王迫使他打消了这个念头，这让他看清了国王的心思。自此，公爵决定不再依赖他人的军队或权势。

公爵的第一步是剪除奥尔西尼和科隆纳家族在罗马的党羽。他拉拢那些出身显赫的追随者，使他们成为自己的亲信，给予他们丰厚的待遇，并授予与他们的身份相称的职位和任命。几个月后，他们对过去派系的旧情就烟消云散了。所有人的荣宠都系于公爵一身。

在瓦解科隆纳家族的势力之后，公爵静待时机，意图一举拿下奥尔西尼家族的领袖。后来他等到了一次绝佳的机会，并充分利用了这次机会。当奥尔西尼家族终于意识到公爵和教廷的强大将给他们带来灭顶之灾时,他们在佩鲁贾地区的马焦内召开了一次会议,由此引发了乌尔比诺的叛乱、罗马涅的动荡。这给公爵带来了无数的危险,而公爵借助法国的帮助——化险为夷。公爵的声望因此得以重振,但他对法国人和其他外部势力产生了戒心,不得不与他们公开冲突。于是,他善用计谋,且善于隐藏自己的真实意图。他通过保罗[①]大人从中斡旋(他极尽讨好之能事,奉上衣帛、金钱和骏马),成功与奥尔西尼家族讲和。奥尔西尼家族因此放松了戒备,最终在塞尼加利亚被公爵一网打尽。在公爵解决掉这些领袖后,他们的追随者也转而支持他,公爵由此奠定了坚实的权力基础。他掌控了整个罗马涅和乌尔比诺公国,并与当地民众打成一片,他们现在开始意识到自己过上了好日子。

由于公爵的这部分做法值得关注和他人效仿,我不会一笔带过。公爵占领罗马涅后,发现统治那里的都是些孱弱无能之辈。他们只想着巧取豪夺,而不是教化百姓;他们不去促进团结,反而制造分裂,以致整个国家充斥着抢劫、骚乱和种种暴行。公爵认为,要想获得太平,让当地人服从他的统治,有必要建立一套良好的治理机制。因此,他任命雷米

---

① 保罗:保罗·奥尔西尼,生年不详,奥尔西尼家族显赫一员,1502 年在塞尼加利亚遇难。

罗·德·奥尔科①大人全权负责罗马涅的事务。雷米罗是一位严厉而果断的执政者,很短时间内就恢复了当地的安宁和秩序,赢得了极大的声誉。后来,公爵担心会招致怨愤,于是决定收回这种不受节制的权力。他在罗马涅的中心设立了一个民事裁判所,并配备了一位出色的庭长来领导。在那里,每个城镇都有自己的辩护律师作为代表。公爵知道,过去的严刑峻法累积了不少民怨。为了消除民众心中的不满,赢得他们的好感,他试图向他们表明:任何残暴的行为都不是他授意的,而是那位大人薄凉无情的天性所致。为此,他找了个理由,一天清晨在切塞纳的市集上将雷米罗斩首,尸首旁还摆着砧板和血淋淋的斧头。这样野蛮的场面让民众瞠目之余,也有一丝释然。

言归正传。我想说,当时公爵已足够强大,对抵御当下的危险也有几分把握。他拥有自己的军队,并成功摆脱了身边那些可能会给他带来麻烦的势力。可是,公爵若想继续扩张势力,就必须考虑如何与法国打交道。公爵明白,从路易国王那里获取更多支持已无可能,尽管国王很晚才意识到自己的错误。因此,他开始寻找新的盟友,并在是否继续支持

---

① 雷米罗·德·奥尔科于1501年被切萨雷·博尔贾派往罗马涅担任代理统治者,次年被处决。

法国的问题上举棋不定。法国忙于向那不勒斯王国发起远征以对抗西班牙人,彼时加埃塔正被围得水泄不通。公爵盘算着如何自保,以免法国为患。如果教皇亚历山大还在世的话,公爵很快就能得偿所愿。

针对当前的局势,公爵采取的措施大致如此。至于未来,他也忧心忡忡。教廷的新主人可能并不友善,甚至会试图剥夺亚历山大给予他的一切。为此,他拟定了四项应对措施:第一,他处死那些被废黜领主们的亲属,以防他们成为新教皇的棋子;第二,他拉拢罗马贵族,争取他们的支持,就像俗话说的,"给教皇套上缰绳",好让他听从摆布;第三,他尽可能地控制枢机主教团①;第四,他致力于在父亲去世前建立自己的权威,以便能够独自抵挡第一波冲击。

亚历山大辞世时,他已经完成了其中三项,第四项也基本完成。他大开杀戒,那些被剥夺了领地的显贵,幸存者寥寥;他赢得了罗马贵族的支持;在枢机主教团中,大多数人也站在他这边。

接下来,公爵计划成为托斯卡纳的主人。他已经拥有了佩鲁贾和皮翁比诺,并自诩为比萨的保护者,此刻正向比萨

---

① 枢机主教团:枢机团负责辅佐教皇处理天主教会的日常事务,并在教皇薨逝或退位后负责选举继任教皇。

磨刀霍霍。他不再顾忌法国，因为西班牙人已从法国人手中抢走了那不勒斯王国，在这种情况下，双方都巴不得收获他的友谊。随着比萨沦陷，卢卡和锡耶纳很快就会屈服，一方面出于对佛罗伦萨的嫉妒，另一方面出于恐惧。佛罗伦萨人将陷入绝境。

因此，如果他的这些谋划成功了——事实上，在亚历山大辞世那一年，他一直顺风顺水——他就会大权在握，声名显赫，以至于今后能够独当一面，而不再受制于他人的权势。可是，就在他拔剑出鞘的第五年，亚历山大撒手而去。留给他儿子的，仅有一个坚固的罗马涅，其余一切都风雨飘摇。夹在两支强大的敌对军队之间，公爵也几乎病入膏肓。然而，公爵果毅勇猛，深谙人心，懂得如何安抚与驾驭。他在极短时间内就打下了如此牢固的基业，假如没有强敌压境，假如他身体康健，他定能克服种种难关。

罗马涅恭候他的大驾，足足一月有余；他已虚弱不堪，却安然无恙地留在了罗马；巴格里奥尼、维泰利和奥尔西尼前来攻击他，都未能得逞。这足以证明他的根基是多么稳固。此外，即使不能让他喜欢的人当上教皇，至少也能阻止他不喜欢的人当选。如果亚历山大去世时公爵的健康状况良好，一切都是易如反掌。尤利乌斯二世即位那天，他亲口对我说，他预见并准备好了他父亲死后可能发生的一切，但他从未料到自己也站在了死亡门口。

审视公爵的所作所为，我找不出什么可以非议的地方。而且，在我看来，他完全值得那些靠好运和他人帮助而上位的人效仿。这是合情合理的，因为他拥有伟大的精神和远大的抱负，这决定了他的行事方式。只是因为父亲的早逝和自身的疾病，他才未竟全功。因此，无论谁想要在新获得的国家靖内攘外：保护自己免遭敌手，赢得朋友的支持，靠武力或计谋出奇制胜，让民众敬畏而不憎恨，使士兵尊敬并服从，粉碎那些可能或势必加害自己的人，引入新办法改革旧制度，同时做到恩威并济、宽宏大量且明达自由，摒弃有意叛乱的军队并建立新军队，与其他国王和君主保持良好关系，使他们殷勤相助或者诚惶诚恐；那么，任谁也找不到比这位公爵更典型的例子了。

非要责备的话，只能责备公爵促成了尤利乌斯二世继任教皇。他在这件事上做出了错误的选择。正如我说过的，即使他没办法确保自己属意的教皇当选，但也有办法阻止其他任何人当选。他绝不应该让那些与他有过过节、上任后会惧怕他的枢机主教出任教皇，因为畏惧和憎恨一样，都是危险的敌人。他曾经得罪过的枢机主教有圣彼得[1]、科隆纳、圣乔治和阿斯卡尼奥。至于其他人，在继任后都有理由惧怕他，除了安布瓦兹和西班牙枢机主教（后者出于亲缘和恩义，前者则因他与法国宫廷的关系才拥有权力）。因此，公爵本应竭力推选一位西班牙教皇；如果实在办不到，他就应该支持安布瓦兹，而不是圣彼得出任教皇。如果有人认为眼前的好处可以让人忘却旧仇宿怨，那不过是自欺欺人罢了。所以，公爵在推选教皇一事上犯了错误，他的错误正是他最终失败的原因。

---

[1] 这里的枢机主教以他们领受的教会堂区命名。比如，朱利亚诺·德拉·罗韦雷与圣彼得锁链堂；他后来于1503年继任教皇，即尤利乌斯二世。

第八章

论以不正当手段成为君主

The Prince

从一介布衣成为一国之君,其实还有两种方法。既不能完全归结于运气,也不全然依靠个人能力,因此有必要在此说明。只不过,其中之一可以留待讨论共和国时再加详谈。这两种方法是:通过罪恶的勾当、卑鄙的手段登上权力宝座;或者得到当地民众的拥戴而成为国家统治者。对于前者,我会举两个例子来说明,一个古代的,一个当代的。我认为,这些例子对于有意效仿的人来说已然足够,故不再赘述事情的是非曲直。

西西里人阿加托克利斯[①]不只出身卑微,甚至可说是社会最底层,他一步步崛起,最终成为锡拉库扎的国王。他本是陶工之子,生活肮脏不堪。然而,他凭着强健的体魄和充沛的精力,以及他的种种恶习,竟在军中步步高升,最后当上了锡拉库扎的地方长官。坐稳这个位置后,他决意成为君

[①] 阿加托克利斯:前361—前289,锡拉库扎僭主,后成为西西里国王,统治西西里岛大部分地区。

主。他无视应尽的义务，企图用暴力手段牢牢掌控人们自发赋予他的权力。为此，他与当时正率领迦太基军队在西西里征战的阿米尔卡暗通款曲。一天清晨，他以共商国是为由，召集锡拉库扎民众和元老院开会。随着暗号骤然响起，麾下的伏兵迅速出击，将元老和豪绅大户一一击杀。清除这些障碍后，民众再无反对，他毫无阻碍地夺得了最高统治权。事后虽然两次被迦太基人击败，甚至一度被围困，但他不仅成功分出部分兵力拱卫危城，更敢于亲自带兵奇袭非洲。迦太基人被他打得落花流水，锡拉库扎之围很快得解。对方无奈，只得与他讲和，自愿退守非洲，将西西里拱手相让。

　　考察阿加托克利斯的生平和作为，任谁都不难看出，其中可以归结于运气的成分微乎其微，甚至根本没有。如前所述，他并非得益于任何人的偏袒或支持，而是历经千难万险，在军中摸爬滚打才得以登上王位，后来又屡屡果敢冒险才险险守住王位。尽管如此，残害同胞、出卖朋友、言而无信、毫无恻隐之心以及缺乏宗教信仰，这些都不能被视为功绩。如此操行的确可以大权在握，却难有荣耀可言。因此，就他出入危殆时的英勇，以及抗击逆境时展现出的坚毅精神而言，我们似乎没有理由认为他会逊色于任何杰出的将领。然而，他残忍蛮横、惨无人性，犯下累累罪行，这使得我们无法将他与最伟大的历史人物相提并论。但是，无论如何，我们不能把他取得的成就归结于运气或能力，因为他在这些方面都有所阙如。

在我们这个年代，亚历山大六世担任教皇期间，费尔莫的奥利维罗托几岁时就成了孤儿，由他的舅舅乔万尼·福利亚尼抚养长大。年幼的他被送往保罗·维泰利①麾下服役，期望经过这位指挥官的全面训练，未来能成为一名高级军官。保罗死后，他转而投效保罗的弟弟维泰洛佐。凭着机敏灵活、吃苦耐劳又坚韧果敢，他迅速成长为连队中最优秀的士兵之一。但他不甘长期屈居人下，于是在费尔莫某些市民的纵容下（这些人甘受奴役也不愿争取国家自由），加之维泰利家族的支持，他设计攻占费尔莫。

于是，他写信给乔万尼·福利亚尼，说自己离乡经年，很想回去探望舅舅，看看故乡，也顺便看看自己继承的家产。他又说，自己一直以来的努力就是为了扬名立万，好让同乡们知道他未曾虚度光阴。为此，他打算率领一支由朋友和追随者组成的百人骑兵队荣归故里。他还恳请乔万尼舅舅安排费尔莫市民以相应的尊贵礼遇接待他，因为这不仅能为他自己增光，也能让将他抚养成人的舅舅脸上有光。

---

① 保罗·维泰利：佛罗伦萨对比萨战争中的雇佣军指挥官，因涉嫌通敌被处决。

乔万尼舅舅自然对他的外甥照顾有加。奥利维罗托不仅得到了同乡们的热烈欢迎，还被舅舅安排住进其府邸。在那里，奥利维罗托精心筹备了数日，为实施自己的邪恶计划铺路。随后，他举办了一场盛大的宴会，邀请乔万尼舅舅和费尔莫有头有脸的人物前来参加。当佳肴被一扫而空，宴会余兴节目接近尾声时，奥利维罗托突然话锋一转，谈起了正经又引人入胜的话题——他称颂教皇亚历山大和他的儿子切萨雷的伟大，以及他们成就的辉煌事业。宾客们听得津津有味，正当他们纷纷附和之际，奥利维罗托却借故起身，以话题私密为由，提议移步至另一房间继续交谈。乔万尼舅舅和其他宾客欣然应允，纷纷跟随。然而，众人尚未坐定，就见伏兵从暗处涌出，手起刀落，所有人被悉数斩杀，无一幸免。

大肆屠戮之后，奥利维罗托纵身上马，驰骋于街巷之间，将首席执政官围困于宫殿之内。恐惧迫使众人俯首听命，承认他自立为王。他处死那些心怀不满、可能构成障碍的人，同时颁布新的民事与军事法令，借此壮大自己的力量。在他把持王位的一年里，他稳固城池、震慑四方。然而，在塞尼加利亚（前文提及过），切萨雷·博尔贾设计将奥尔西尼和维泰利家族一网打尽之时，奥利维罗托也同时被俘。要不是中了切萨雷的计，想要推翻他的统治谈何容易，其困难程度堪比推翻阿加托克利斯。在犯下弑亲大罪一年后，奥利维罗托被处以绞刑，与他一同被绞死的还有教他勇武也教他恶行的维泰洛佐。

也许有人会问，阿加托克利斯之流，在历经无数背叛和残忍后，为什么还能在自己的国家安然长住，抵御外侮，不被政敌暗算？反观许多人，因为手段残忍，即便在和平年代也难维系统治，更不用说战时的危殆了。我认为，这取决于残忍手段是否运用得当。如果允许我们对邪恶之事稍做正面评价（尽管这实属勉强），那么，出于自保必要，一次性采取残忍手段，且事后不再坚持，反而尽可能做出对被统治者有利的调整，可视为残忍手段运用得当。反之，起初零星使用残忍手段，却随时间而变本加厉地使用，便是运用不当。遵循前一种方法的人，或许能如阿加托克利斯一般，在上帝与众人的庇佑下，发现自己的处境不至绝望；而采用后一种方法的人，恐难苟全于世。

因此，我们可汲取一训：篡位者在摄取国家权力时，须当机立断，一举施加必要的侵害，以免日后反复为之。如此，方能通过终止侵害来安抚民心，继而施以恩惠以结人心。如果有人反其道而行之，或因懦弱，或是听信谗言，则须时刻剑拔弩张，再难以信任自己的臣民。臣民频受苛责，必心生怨怼，也难以对君主托付信任。因此，侵害最好一次性施加，以减少怨恨的加深和蔓延；施惠则应和风细雨，好让民众细细体悟。

最重要的是，君主在与臣民相处时，应做到不因时局好坏、命运顺逆而改弦更张。否则，逆境来袭再诉诸严厉，可能为时已晚；这时再表现出宽宏大量，更像是迫不得已，无人会因此心存感激。

第九章

论公民君主国

The Prince

我现在来谈谈第二种情况，即那位领袖人物，他不是通过罪行或暴力，而是因为国民的拥戴而成为自己国家的君主。我称之为"公民君主国"。取得这样的地位，既不完全依赖能力，也不完全归结于好运气，而是取决于带有某种幸运成分的"谋略"。我之所以这么说，是因为要建立这样的君主国，要么得到民众的拥戴，要么得靠贵族的支持。每座城市里都存在两种对立的情绪，究其根源：民众不希望被贵族统治或压迫，贵族却希望压迫和统治民众。这两种相反的倾向产生了三种不同的结果：君主国、自由政体或无政府状态。

君主国要么由民众造就，要么由贵族促成，这要看哪一方有这样的需求或机会。当贵族们意识到他们无法与民众抗衡时，就会努力抬高他们中某人的声望，让他登上王位，这样就能在他的庇护下放纵自己的欲望。民众也一样。当民众发觉他们无法与贵族抗衡时，就会联合起来支持他们中的某个人，让他成为君主，以便在他的权威下得到保护。

那些靠贵族支持才登上王位的人，比起得到民众支持而成为君主的人，维持自己的统治会困难得多。因为他会发现，身边多的是自认为与他平起平坐的人，这让他难以按照自己的意愿来实施统治或管理。然而，那些得到民众支持而即位的君主则大权独揽，身边之人无不唯他马首是瞻。进一步说，贵族的要求难以在不损害他人的情况下得到满足，同时也不会为君主增添光彩；相反，民众的要求则可以，因为民众的目标比贵族的更高尚：贵族试图压迫他人，而民众只求不受压迫。

除此之外，面对心怀不满的民众，君主的安全难以保障，因为民众成千上万；与心存不满的贵族为敌，君主则可以设法防范，因为那不过是一小撮人。面对心怀不满的民众，君主最担忧的是他们可能会离他而去。然而，面对贵族，他所担忧的就远不止背弃了。贵族可能会转而发起攻击，因为他们更有手腕，也更有远见。他们总是伺机而动，以对自己的安全有利；他们也总是与他们认为将会获胜的一方结盟。话说回来，君主始终要与同一批民众长期相处，但贵族则不同，君主可以随心所欲地更换他们。每一天，君主都有权册封新贵族、罢黜旧贵族，对他们的权力予取予夺。

不过，为了更充分地说明这部分内容，我认为对贵族首先要做出如下区分：他们要么严于律己，将自身前途与君主命运紧密相连，要么则不然。对于那些克己慎行且知足常乐的贵族，君主应予以厚爱与尊崇。至于那些未能如此自我约束的贵族，则可进一步细分。他们中大多数因生性怯懦、缺乏勇气而踟蹰不前。在此情境下，君主尤需重用那些行事谨慎的人，因为他们在顺境中能为君主增添荣耀，逆境中亦不会令君主心生畏惧。

但是，如果他们出于既定目标和野心昭彰而不愿归顺君主，那便表明他们更多的是在为自己考虑，而不是为君主的利益着想。对于这类人，君主应保持警惕，如同对待已经宣战的敌人般提防，因为身处逆境时他们准会趁机落井下石。

受民众拥戴而成为君主的人，应该始终与民众保持良好关系；做到这一点很容易，因为民众所求无非是不受压迫。至于那些违背民意，靠着贵族扶持才登上君位的人，当务之急在于安抚民众、赢得人心。这也不难，只需将民众置于自己的保护之下。民众原以为会受到压迫，却意外承了恩泽，自然会对施恩者心存感激。所以，有这样的君主保护他们，民众会更加愿意支持他。民众会觉得，这位君主并不亏欠他们什么。

君主赢得民众好感的方法很多,但这些方法因情况而异,并无一定之规,故不再赘述。关键在于:君主要与臣民保持良好关系,否则身处逆境恐将孤立无援、无计可施。纳比斯①,斯巴达君主,他成功地抵抗了全希腊联军和罗马劲旅的围攻,捍卫了自己的国家和王位。大难临头时,他只需小心防范少数臣民;但若民众对他怀有敌意,这样的防范则远远不够。

请不要用那句老话"倚民如倚沙,难筑高墙瓦"来反驳我所肯定的观点。当然,这话可能适用于普通人,那些自以为能赢得民众好感,并指望受到敌人或当权者欺压时能得到民众搭救的普通人。罗马的格拉古兄弟②如此,佛罗伦萨的乔治·斯卡利③亦如此,他们往往会发现自己上当受骗。但是,立足于民的也可以是君主,具备统帅才能的君主。他拥有不被厄运击倒的精神,他以勇气和气度激励整个社会,他不会忽视谨慎的防范措施。这样的君主不会遭到民众背叛,反而会获得民众的大力支持。

---

① 纳比斯:前 207—前 192 年在位,斯巴达僭主、末代统治者,死于被刺杀。他任内推行改革,历史评价毁誉参半。
② 格拉古兄弟:公元前 2 世纪罗马共和国时期的护民官格拉古——提比略和盖约。他们积极主张改革,不遗余力为民众争取权益,双双赔上性命。
③ 乔治·斯卡利:14 世纪佛罗伦萨的平民派领袖,1382 年罹难。

对于这类公民君主国而言，从平民政治向绝对专制过渡的阶段无疑是最为关键的，往往危机四伏。此时，君主可能会选择直接行使权力，也可能会通过地方行政长官来代理。遇到后一种情况，君主的地位更加岌岌可危，因为他们完全受制于那些把持地方行政权力的官员。尤其在风云突变之时，这些人可能会起来反对君主或者不服从命令，轻而易举地剥夺君主的权力。若君主在危难关头才想着独揽大权，则未免太迟，因为臣民们早已习惯听从地方官的命令，在紧急关头很难再对君主唯命是从。所以，在这种时候，君主能够信赖的人屈指可数。君主不应只着眼于天下太平时的景象。承平日久，死亡似乎遥不可及，人人都在为国效力，人人都会信誓旦旦，人人都甘愿为国家献出生命。然而真到了国家危难之际，需要有人挺身而出、为之赴汤蹈火时，却连个人影都找不到。这样的考验一旦失败，便无法挽回，实在危险至极。因此，英明的君主应当设法让他的臣民在任何时候，无论是顺境还是逆境，都依赖国家，有求于君主，这样他们才能永远保持忠诚。

第十章

论如何衡量君主国的实力

The Prince

在研究这些君主国的性质时，有必要考虑另一个因素：君主是否足够强大，能在关键时刻独挑大梁，还是需要持续的外部援助。更准确地说，我认为，那些能够凭借手头的人力和财力，集结起足以迎战任何敌人的军队的君主，就是能够独当一面的；反之，那些无法在战场上与敌人抗衡，只能退守城墙以求自保的君主，则需要持续的援助。关于前者，我已有所论述，必要时会再次提及。至于后者，除了劝告他们加固所在城市的防御工事，并不要过于关注城墙以外的领土，我再无他言。毕竟，任何一位君主，只要他能够坚守固若金汤的城池，并按照我之前提到过（稍后还会详谈）的方法，妥善处理与臣民的关系，那么他的敌人一定会三思而后行。因为攻打一位城池坚固且不为臣民所憎恨的君主，无疑困难重重，而世人本能地对艰巨的任务退避三舍。

德国城邦享有广泛的自由。由于领土狭小，他们只在对皇帝有好感的情况下才服从皇帝；他们既不惧怕皇帝，也不惧怕任何邻近势力，因为他们的城防工事是如此牢固。每个人都清楚，要想攻陷这些城邦必将旷日持久、艰苦卓绝。这些城邦四周被壕沟环绕，城垣坚固，火炮充足，公共库房常年储备着足够一年用的粮食、饮水以及燃料。此外，为了养活贫民而不致蠹国耗民，他们还准备了一年的手工业原材料，以供贫民从事手工业生产。手工业是城邦的生命和筋骨，也是普通百姓赖以为生的方式。而且，他们非常重视军事训练，制定了许多法规以确保训练持续进行。

因此，如果城池坚固，君主又与民众无隙，他便不会轻易受到攻击；就算受到攻击，敌人也难遂心愿。因为世事无常，欲使大军整年扎营围攻而不出现任何变故，简直难乎其难。或许有人会质疑，认为如果民众在城外拥有财产，目睹这些财产被焚毁，他们将会失去耐心；人性中的自私以及长期围城带来的困苦，也会让他们忘却忠诚。对此，我的回答是，果敢有为的君主总能力挽狂澜：他既要给民众带来希望，使他们坚信灾难终将过去；他也要激发民众的恐惧，让他们惧怕敌人的残忍；同时，他还要巧妙地平息那些在他看来过于冒进的怨言。此外，可以预见，敌人甫到便会大肆烧杀抢掠，然彼时士气正盛，自当抗击外敌、守护家园。正因如此，君主更无须担忧。因为数日之后，最初的亢奋便会消散，损害已经造成，灾难已然发生，再也无法挽回。到了这种地步，民众反而更容易与君主戮力同心、共御外侮，因为正是在保家卫国过程中，他们的房屋被焚毁，他们的田地惨遭掠夺。于是，君主似乎对民众负有道义上的责任。人的天性便是如此，既因施惠于人而承担责任，也因受惠于人而承担义务，施惠与受惠的双方同样受到情义的羁绊。

所以，通盘考虑，对英明的君主来说，只要粮草充足、其他防御手段不缺，不难自始至终维系臣民在城市被围期间的坚定意志。

第十一章

论教会君主国

The Prince

现在，我只需再谈谈教会君主国。对于这类国家，所有难题都出现在取得政权之前。夺取政权或许需要能力或好运气，但即使没有这些，统治也能维系。这类政权是依靠神圣庄严的宗教法令来维系的，这些法令的性质和效力强大到足以确保君主的权威，无论他们如何行事或生活。这些君主坐拥国土却不问及防卫，统辖万民却不加以治理。然而，他们的领土并不会因为不设防务而被夺走，他们的臣民也不会因为无人统治而心生忧虑，或者产生放弃效忠的念头；臣民也没有能力这样做。因此，唯有教会君主国，方能尽享安宁与福祉。

既然这类国家是依靠心智难以企及的超然力量来运作的，我不予多谈；因为这类国家是由上帝亲自建立和支持的，再妄加评论，那真是不知所谓的孟浪之举。

不过，有人可能会问，为何教廷的世俗权力能达到如此强大的地步？在亚历山大时代之前，意大利几乎所有的权贵，不只是那些自诩显赫的人物，甚至那些微不足道的男爵和小贵族，都不曾将教廷放在眼里。如今，教廷已成功击败威尼斯人，其势力之盛，足以将法国国王逐出意大利，令其感到战战兢兢。尽管原因众所周知，但在我看来，唤起对这些原因的些许回忆也并非多余。

在法国国王查理进入意大利之前，意大利处于教皇、威尼斯人、那不勒斯国王、米兰公爵以及佛罗伦萨人的控制之下。这些势力真正需要警惕的有两件事：第一，不允许任何外国武装力量入侵意大利；第二，不允许他们中的任何一方扩张自己的领土。尤其需要提防的是教皇和威尼斯人。为了阻止威尼斯人，其余势力必须联合起来，就像保卫费拉拉①那样；而为了限制教皇，他们则利用罗马贵族之间的矛盾。罗马贵族中的奥尔西尼和科隆纳家族势同水火，长期争斗不休。他们就在教皇眼皮底下持械对峙，这使得教皇的统治虚弱不堪、动荡不安。

---

① 1482年威尼斯人与费拉拉公爵埃尔科莱一世交战，后者与米兰、那不勒斯、佛罗伦萨以及阿拉贡等结成联盟。

虽然不时会有像西克斯图斯①那样勇猛的教皇出现，但他的睿智和好运都未能使他摆脱这些窘境。究其原因，教皇的统治时间太短。教皇的平均任期不过十年，他只能勉强制服其中一个派别。譬如，一位教皇几乎铲除了科隆纳的势力，而继任的教皇又与奥尔西尼家族为敌。这样不仅无法根除科隆纳家族的残余力量，反而让他们得以喘息，死灰复燃；而新教皇又无暇顾及奥尔西尼的势力。最终，教皇在意大利的世俗权力几近于无。

后来，亚历山大六世出任教皇。他比历任教皇都更能证明，教皇凭借金钱和武力可以取得怎样的成就。他以瓦伦蒂诺公爵为左膀右臂，他利用法国人进入意大利的机会大做文章。在讲述公爵事迹时，我已经提及这些成就。尽管他的初衷并非壮大教廷，而是壮大公爵，但他所做的一切都对教廷有利。在他死后，公爵失势，教廷继承了他的劳动果实。

其后，教皇尤利乌斯即位。他发现，教廷因掌控了整个罗马涅而实力大增，罗马贵族则在亚历山大的重击下元气大伤，他们的派系也支离破碎。他找到了一条前所未有的敛财

---

① 西克斯图斯：西克斯图斯四世（1414—1484），罗马教皇，1471年至1484年在位。他曾卷入刺杀佛罗伦萨统治者洛伦佐·德·美第奇的阴谋，也在威尼斯人向费拉拉发起的进攻中变节。

之道①，这在亚历山大之前的时代是无人涉足的。尤利乌斯不仅利用了这些有利条件，还进一步发扬光大。他征服了博洛尼亚，颠覆了威尼斯人的统治，并将法国人驱逐出意大利。所有这一切都大获成功，而更值得称道的是，他做这些都是为了壮大教廷的实力，而非个人私欲的膨胀。此外，尤利乌斯还成功地将奥尔西尼和科隆纳两大家族的势力控制在他即位时的水平。尽管可能仍残存着某些不服从的种子，但有两个因素遏制着他们不致失控：一是教廷的强大令他们望而生畏；二是他们当中无人再出任枢机主教，而枢机主教正是所有混乱的根源。只要家族中有枢机主教存在，这些派别将永无宁日。因为正是这些主教在罗马内外煽风点火、挑起事端，迫使贵族参与其间。教长们的野心进而引发了贵族之间的倾轧与悖乱。

教皇利奥②陛下因此认为，教皇权力是最强大的。我们衷心希望，正如他的先辈们以武力使教廷变得伟大一样，他将以他的仁慈和无边的美德使教廷变得更加伟大和可敬。

---

① 尤利乌斯二世以敛财著称，主要通过出售圣职、赎罪券以及征收税款和罚款来充实教廷财政。
② 利奥：利奥十世（1475—1523），罗马教皇，出身于佛罗伦萨美第奇家族，1513年接任尤利乌斯二世的教皇职位，直至1521年。

第十二章

论军队的类型及雇佣军

The Prince

我已论及开篇所述的君主国类型，一定程度上剖析了国家强盛与衰弱的原因，并指出了获取政权的途径和方法。接下来，我将概括论述不同类型君主国可能采取的攻防策略。

前文提及过，君主必须打下坚实的基础，否则难逃覆灭的命运。无论是新立君主国、世袭君主国，还是混合君主国，其根基所在，皆为完备的法律与强大的武力。然而，若无强大的武力作为支撑，完备的法律便难以确立；反之，若已拥有强大的武力，完备的法律便有望得以施行。因此，我暂不赘述律法之事，仅探讨武力问题。

君主用以保卫国家的武力，可以是自己的臣民，也可以是雇佣军、辅助部队，或者这些兵力的混合。然而，雇佣军和辅助部队皆是些酒囊饭袋，且虎视眈眈。依赖雇佣军保卫国家的君主，永远不可能稳坐江山。这样的军队人心涣散，他们野心勃勃、桀骜不驯、见利忘义，在朋友面前傲慢无礼，面对敌人又懦弱无能。他们对上帝没有敬畏之心，亦不信守人间道义。每当受到攻击，他们总是难逃失败的命运。太平年间，他们巧取豪夺；战乱年代，则任由敌人肆意掠夺。究其原因，除了微薄的军饷，他们缺乏上阵杀敌的牵绊和动力，更无法指望他们为国捐躯。故而，和平之时，他们乐于充当您的士兵；遇到战争爆发，他们便闻风而逃，四散而去。对于这一点，我无须多费唇舌，因为意大利如今的衰败，别无他因，正是其多年来依赖雇佣军的结果。这些雇佣军，尽管往昔曾助不少人飞黄腾达，在并肩作战时也曾彰显实力，然而外敌压境、形势危急之际，他们立刻暴露本性、显露原形。正因如此，法国查理才得以挥舞着粉笔①，长驱直入意大利。有人说，是我们的罪过导致了这一切，此言非虚。只不过，罪过不是他说的那些，而是我之前提及的，君主犯下的罪过，而君主也为此付出了代价。

我想进一步说明这些军队的恶劣性质。雇佣军指挥官，要么是出类拔萃的领袖，要么是碌碌无为的庸才。若为能人，切不可轻信，因为他们总是谋求私利，不是颠覆您这位主人，就是逆着您的意思推翻他人。若是庸人，那您恐怕要自食苦

---

① 教皇亚历山大六世曾言，1494年法王查理八世入侵意大利时如入无人之境，只需粉笔轻轻一划，便能轻松安营扎寨。

果。也许有人会说,不管是不是雇佣军,只要手握军权皆可能如此行事。对此,我的回答是,军队必须牢牢掌握在君主或共和国手中。需要用兵时,君主当亲自挂帅、统御大军;共和国则应指派自己的国民担任统帅。若指派之人难胜其职,则应予以撤换;反之,则应予以法律约束,勿使其逾越职权。经验告诉我们,君主和共和国,唯有依靠自身军队方能成就大业。雇佣军成事不足,败事有余。再者,相较于依赖外国武装的共和国,具备自主军队的共和国更不易陷入独夫统治。

罗马和斯巴达,整军饬武长达数个世纪,是自由的国度。瑞士人装备精良,堪称典范;他们也是世界上最自由的民族。谈及古代的雇佣军,我们以迦太基人为例。尽管迦太基人让自己的国民担任雇佣军指挥官,但在与罗马的首次战争接近尾声时,这些雇佣军几将迦太基摧毁。同样,底比斯人在伊巴密浓达①死后,选择马其顿的腓力②来领导他们的军队。然而,腓力在帮助他们取得胜利后,剥夺了底比斯人的自由。

类似地,菲利波公爵③去世后,米兰人雇佣弗朗切斯科·斯

---

① 伊巴密浓达:前418—前362,希腊城邦底比斯的将军与政治家。
② 腓力:腓力二世(前382—前336),马其顿国王,以军事改革和武力扩张著称,亚历山大大帝的父亲。
③ 菲利波公爵:菲利波·马里亚·维斯孔蒂(1392—1447),米兰公爵,其女比安卡·玛丽亚嫁与弗朗切斯科·斯福尔扎。公爵死后,斯福尔扎夺取了米兰公国。

福尔扎来对抗威尼斯人。在卡拉瓦乔取得胜利后,他转而与威尼斯人联手,背叛了他的雇主米兰人。而他父亲,在为那不勒斯女王乔万娜①效力期间,竟让女王的军队突然失控,险些无兵可用。为了保住自己的王国,女王不得不投靠阿拉贡国王②。

也许有人会反驳说,过去威尼斯人和佛罗伦萨人都曾依靠这些武装力量来扩张他们的领土。这些雇佣军头子并未自立为王,反而始终忠心耿耿地为他们服务。我的回答是,在这方面,佛罗伦萨人确实足够幸运。因为那些原本可能令他们感到畏惧的骁勇之士,有的未尝胜绩,有的棋逢对手,还有的志在他处。

未取得胜利的是乔万尼·阿库托③。由于他的失败,他的忠诚无从验证。但任谁都明白,若他赢得胜利,佛罗伦萨人无疑将被他玩弄于股掌之间。另一方面,斯福尔扎家族一直有着布拉切斯基这样的对头,两者相互掣肘。此外,弗朗

---

① 乔万娜:乔万娜二世(1373—1435),自1414年起统治那不勒斯王国。
② 指阿方索五世(1396—1458),"宽宏者",兼并那不勒斯王国,成为首个同时统治西西里和那不勒斯的西班牙君主。
③ 乔万尼·阿库托(1320—1394):14世纪活跃于意大利的英国籍雇佣军指挥官,本名约翰·霍克伍德。曾参加英法百年战争,得英王授勋。后纠集队伍前往意大利担任雇佣军,历时三十年。

切斯科的野心在米兰,而布拉乔达①则把矛头对准教廷和那不勒斯王国。我们来看看最近发生的事情:佛罗伦萨人请来保罗·维泰利担任他们的指挥官。此人精明能干,从默默无闻到在军中声名鹊起。若能成功攻占比萨,佛罗伦萨人势必会完全臣服于他。因为一旦他投靠敌人,佛罗伦萨将面临毁灭;倘若继续留用他,佛罗伦萨人则必须服从他的意志。

至于威尼斯人,考察其势力崛起的历程,不难发现:只要是他们的臣民,无论贵贱,在海上皆英勇奋战,战绩斐然。但当战场转向陆地时,他们却摒弃了原本擅长的战术,转而满足于沿袭意大利的旧俗。

陆上扩张之初,威尼斯人地盘尚小,声望却隆,因此对麾下的雇佣军将领少有猜忌。后来,在卡马尼奥拉②的指挥下,疆土日趋辽阔,他们也尝到了决策失误的苦果。威尼斯人发现,卡马尼奥拉是真正骁勇善战的领导者,正是在他的率领下,他们一举击败了米兰公爵。可是,威尼斯人也看出卡马尼奥拉懈怠战事,于是断定他无法再带领他们取得胜利。由于担心到手的利益得而复失,他们又不能轻易解雇他;为

---

① 布拉乔达:布拉乔达·蒙托内(1368—1424),意大利雇佣军指挥官和战术创新者,其追随者被称作布拉切斯基。
② 卡马尼奥拉:1380—1432,意大利雇佣军指挥官,先投效米兰,后效力威尼斯,1432年被威尼斯人处死。

了自保，无奈将其处死。此后，威尼斯人又相继任用贝加莫的巴尔托洛梅奥、圣塞韦里诺的罗伯托以及皮蒂利亚诺伯爵等人。只不过，这些将领带来的危险不是源自胜利，而是源自失败。譬如维拉一役[①]，威尼斯人八百年辛劳积攒的一切，竟一朝尽失。可见，雇佣军带来的收获是缓慢的、滞后的、微不足道的；突如其来的损害却如晴天霹雳一般。

既然这些例子又把我带回到意大利——意大利多年来一直依赖雇佣军保卫——我渴望深入探究雇佣军盛行的原因，以期找到更为有效的应对之策。如您所知，当意大利开始摒弃帝国控制，教皇获得更大的世俗权力时，意大利顿时群雄并起，邦国林立。许多大城市纷纷揭竿而起，反对那些过去靠皇帝支持才得以统治他们的王公贵族。为了增强自身的世俗权威，教廷开始对这些城市施以援手。而在另一些城市，市民则成为统治者。结果，意大利几乎全部落入教廷和几个共和国手中，前者由牧师组成，后者由市民组成。他们不谙军务，于是开始招募外国雇佣兵。

头一个为这类服务赢得声誉的是罗马涅的阿尔贝里

[①] 1509年，皮蒂利亚诺伯爵在维拉一役中担任威尼斯人的指挥官，与法国和教廷交战，结果铩羽而归。

戈·科尼奥①。布拉乔达和斯福尔扎这些指挥官都毕业于他的军事训练学校。后来,这两人崭露头角,成为当时意大利的话事人。在他们之后,陆续有人担任类似职务,雇佣军指挥官这一传统延续至今。正是由于这些人的"效力",我们的国家才经历了查理的占领、路易的掠夺、斐迪南的蹂躏以及瑞士人的欺压。②

这些雇佣军首先诋毁步兵,借此抬高自身部队的声誉。之所以如此,是因为他们没有自己的地盘,全靠这个行当为生。少量步兵于他们无足轻重,而他们又无力供养大批步兵。因此,他们转而依赖小规模的骑兵队伍,认为这样既能彰显他们的荣耀,也更易于维持。以至于出现这样的局面:两万人的队伍,步兵数量竟不足千人。此外,他们不遗余力地减少辛劳、降低风险,既为自己,也为部下。他们避免在战场上捉对厮杀,而是尽量活捉俘虏后无条件释放。同样,他们绝不会夜间攻城,城中守军也从不夜袭营地。因此,他们的营地四周不设壁垒、不挖壕沟,冬天一到就停止征战。所有

---

① 阿尔贝里戈·科尼奥:1344—1409,罗马涅库尼奥伯爵,意大利雇佣军开创者,组建了著名的"圣乔治兵团"。
② 前文已述及法国国王查理八世、路易十二及西班牙国王斐迪南二世入侵意大利的往事。路易十二曾借瑞士之力征服米兰,后瑞士在教廷鼓动下独自再占米兰。

这些矫揉造作的安排都为他们的军事规则认可，正如我说过的，他们的目的就是逃避辛劳和风险。然而，这一切的结果，却是意大利被推向了奴役与蔑视的深渊。

第十三章

论援军、混合军及国家军队

第二种有害无益的武力是援军，我指的是强大君主应邀派来帮助和保护您的辅助部队。教皇尤利乌斯二世最近就是这么做的：他在费拉拉战役中目睹了雇佣军的可怜表现后，开始寻求援军；他与西班牙国王斐迪南达成协议，斐迪南应允派遣骑兵和步兵。

援军自身可能是可堪任用的精锐之师。但对征召一方来说，总是弊大于利。如果援军落败，征召者跟着完蛋；如果援军获胜，征召者反而会成为他们的俘虏。古代史书中这样的例子比比皆是，但是我想引用教皇尤利乌斯这个新近的例子。他急于得到费拉拉，竟然毫无保留地投入陌生人的怀抱，实在鲁莽至极。尽管如此，命运之神还是眷顾他，他不必因为考虑不周而付出代价。他的援军在拉韦纳大败，不承想瑞士军队突然降临，将胜利者驱逐出境，完全出乎所有人意料。这样，他没有成为敌人的俘虏，因为敌人已经落荒而逃；他也没有成为援军的俘虏,因为胜利是靠援军以外的武力赢得的。佛罗伦萨压根没有自己的军队,却招来一万法军围攻比萨,这让他们陷入了前所未有的严重危机。君士坦丁堡皇帝为了保护自己不受邻国的侵犯,曾召集一万多土耳其士兵进入希腊。战争结束后,这些士兵拒绝离开,这就是希腊为异教徒奴役的开端。

因此,如果想要错失任何成功的机会,那就让他去求助援军吧。这些辅助部队远比雇佣军危险,随时可能带来毁灭。因为他们团结一致,只听命于自己的指挥官;雇佣军则不同,即便取得胜利后想要加害于您,也要等待更长的时间和更好的机会。这是因为雇佣军由不同的连队组成;他们由您雇佣,靠您发饷,因此您派去的指挥官短时间内难以树立威信,无法构成威胁。总之,就雇佣军而言,最大的危险在于他们的惰怠和怯懦;而就援军而言,他们的英勇彪悍才是最可怕的。因此,英明的君主总是避开这些军队而诉诸自己的军队;他宁可自己的军队吃败仗,也不愿依靠他人的军队打胜仗。仰仗他人的武力没有胜利可言。

为此,我要毫不含糊地引用切萨雷·博尔贾的例子。这位公爵曾率领一支辅助部队(清一色的法国重骑兵)进入罗马涅,他靠着这支部队占领了伊莫拉和弗利。然后,他很快意识到这些援军并不可靠，转而雇佣他认为风险较小的军队。他收编了奥尔西尼和维泰利的军队。在指挥这些雇佣军时，他发现他们同样反复无常、虚伪狡诈，甚至不忠不义。因此，他解散了这些雇佣军，转而起用自己亲手打造的军队。通过观察公爵在不同阶段所使用的军队类型——单独依靠法国人时、收编奥尔西尼和维泰利的军队时、完全使用自己的军队和资源时——我们可以很容易地分辨出这些军队之间的差别。公爵的声望与日俱增；当他成为自己军队无可争议的主人时，他赢得了前所未有的尊敬。

我实在舍不得略过意大利最近发生的这些例子；但我不能不提及锡拉库扎的希罗，他是我之前提及的历史人物之一。如前所述，他被锡拉库扎人任命为军队统帅。他很快就发现，他们的雇佣军跟意大利雇佣军指挥官拼凑的部队一样，根本派不上用场。由于既不愿留用这些士兵，又不能随意解散他们，他下令将他们全部处决。此后，他只用自己的军队打仗，再不使用任何援军。

在此，我想再引用《旧约》中的一段经文来说明这一点。大卫主动向扫罗请缨，要与非利士人的勇士歌利亚比试一番。为了给他壮胆，扫罗给他披上了自己的盔甲。大卫试了试，随即便拒绝了。他说，这些盔甲他还不习惯，穿着去打仗肯定不行；他宁可只用他的弹弓和刀剑去迎战敌人。总之，别人的盔甲，不是松松垮垮，就是紧紧绷绷；它要么会从我们的身上滑落，要么会压得我们喘不过气来。

查理七世①，路易十一之父，凭借非凡的运气与英勇，将法国从英国人手中解救出来。他意识到组建国家军队的重要性，于是制定法令，确立了王国骑兵与步兵的服役制度。然而，他的儿子路易国王废除了步兵制，转而招募瑞士雇佣兵。此后的国王们纷纷延续这一错误。结果，法兰西遭遇重重危机：瑞士军队声名大噪，而法国的整体军力日渐式微。步兵裁撤后，法国骑兵完全仰赖外国部队。经过与瑞士人协同作战，他们逐渐养成了依赖心理，认为没有瑞士人他们什么也做不了。故而，法国人在与瑞士人的较量中屡屡败北；而没有瑞士雇佣兵，法国人在战场上更是难以取胜。

这样一来，法国军队就成了混合军，部分是国民军，部分是雇佣军。这样的混合军，战斗力虽远胜过清一色的雇佣军或辅助部队，但远不如纯粹的民族力量，上面的例子足以说明问题。倘若查理七世的军事法令得以保留和延续，法兰西王国将战无不胜、攻无不克。然而，由于缺乏远见，人们

---

① 查理七世：1403—1461，法国国王。圣女贞德的英勇故事发生在查理七世执政的早期阶段。

总会做出一些改变。这些改变起初看似不错,也没暴露什么危害,正如我之前提到的"痨病热"一般,初时都难以察觉。然而,统治者若不能在弊端初现时便明察秋毫,那么,他就算不得真正的明君。"未卜先知"这种天赋,实属罕有。

如果我们追溯罗马帝国覆灭的根源,就会发现它肇始于起用哥特雇佣兵。自那时起,罗马的国力开始衰落,曾经让帝国辉煌的力量逐渐流向哥特人。总而言之,没有自己的武装,没有一个王国是安全的;这样的国家在困境中难以自保,只能任由命运摆布。历来智者都秉持这一信条:没有国家军队作为后盾的权力名声,如同无根之木,脆弱且短暂。我所说的国家军队,是由臣民、市民及依附者组成的部队,与之相对的,则多为雇佣兵和辅助部队。

只要遵循我之前阐述过的、一直在被践行的规则,同时借鉴亚历山大大帝之父腓力,以及众多君主和共和国在武力部署上的经验,组织国家军队就不再是难题。

第十四章

论君主在军事方面的职责

君主应专注战事及战事所需的军事法规、军事训练，不应分心旁顾。君主应全身心地投入军务，视之为自己的职责和专长，因为这是统治者必须精通的唯一技艺。其效用之大，不只在于巩固世袭君主的地位，更屡屡令平民百姓登上权力的巅峰。相反，我们常常见到，那些耽于享乐而不谙军务的君主，最终会失去他们的统治。忽视战事这门技艺是导致灾难的首要原因；精通战事则是获取权力最可靠的途径。弗朗切斯科·斯福尔扎因精通兵法而声名鹊起，从平民百姓崛起为米兰公爵。然而，他的后代惧怕鞍马劳顿，放弃了军旅生活，终究又从王公贵族沦为庶民百姓。

没有军备，不仅会招致诸多不幸，还会让您蒙受轻视。这种轻视，正是君主最需要小心应对的非议之一。关于这一点，容我稍后再禀。

一个赤膊上阵的人与一个全副武装的人，实在无法相提并论。期望那些有武装的人会心甘情愿地服从赤手空拳的人，或者赤手空拳的主子能在严阵以待的侍从环绕下安之若素，这都是违背常理的。一方满心蔑视，另一方则疑虑重重，他们不可能合作无间。如前所述，身为君主而不谙军务，除了种种弊端外，他既得不到士兵的敬重，也不可能信任他们。

因此，君主绝不能让自己的注意力从军事事务上偏离，他在和平时期甚至应该比战争时期更专注战备。他可以通过两种方式做到这一点：实践与学习。所谓实践，除了确保士兵训练有素、纪律严明外，君主还应勤于狩猎，以此强健体魄，适应艰苦且易疲劳的环境。同时，通过狩猎观察山峦起伏、峡谷纵横、平原广阔，进而掌握地形地貌。他还需熟悉河流与沼泽的特性，并对此给予最大的关注。掌握这些知识有两方面的好处：第一，君主可以由此了解自己的国家，从而更好地保卫自己的国家；第二，君主熟悉地理形势，当他不得不首次探察其他区域时，很容易做到触类旁通、游刃有余。例如，托斯卡纳的丘陵、峡谷、平原、河流和沼泽与其他区域有着相似之处；因此，掌握某个区域的自然特征便能轻松地推及其他。缺少此类知识的君主，便缺少了成为优秀将领的首要条件，因为他无法利用这些知识来掌握如何出其不意地打击敌人、如何安营扎寨、如何率兵出征、如何排兵布阵,以及如何以最有利的方式攻城拔寨。

历史学家对亚该亚君主菲洛皮门①的赞誉中,有这样一条:即便身处和平年代,他依然时刻思索着战争方略。因此,每当与朋友们在乡间漫步时,他总会不时停下脚步,与他们聊聊战争话题。"假设敌人驻扎在那个山头,"他说,"而我们的军队在这儿,究竟谁的位置更有利?我们又该如何最安全、最有条不紊地推进,好与敌人交锋?倘若我们不得不撤退,该选择哪个方向?反之,如果他们撤退,我们又该如何追击?"他就这样一边走,一边向朋友们提出军队可能遭遇的各种突发状况。他倾听朋友们的见解,并阐述自己的观点和理由。正因为时常沉浸在这样的思考中,所以在率军作战时,他几乎总能从容应对任何复杂局面。

至于前面提及的心智锻炼(学习),君主应当阅读历史:关注那些伟大人物的事迹,审视他们在战争中的表现,以及探究他们胜利或失败背后的原因。这样做,君主就能从他们的成功经验中汲取智慧,同时避免重蹈他们失败的覆辙。更重要的是,君主应当效仿历史上的杰出人物,以前人为楷模。那些名垂青史的伟人,他们的事迹与成就,君主应时刻铭记于心。据

---

① 菲洛皮门:前253—前183,率领亚该亚同盟与马其顿的腓力五世作战,也战胜过斯巴达的纳比斯,被称为"最后一个希腊人"。

史书记载，亚历山大大帝曾试图效仿阿喀琉斯①，恺撒②则以亚历山大大帝为榜样，而西庇阿③更是师从居鲁士。任谁读过色诺芬④所著的居鲁士传记，无不在西庇阿身上发现，他因模仿居鲁士而赢得了何等荣耀。西庇阿的忠贞、和蔼、善良与慷慨，与色诺芬笔下描绘的居鲁士形象何其相似。

因此，英明的君主应当遵循这些方法，不因承平日久而无所事事；相反，他要积极地将这些方法付诸实践，为的是在危难时刻能够从中汲取力量。这样，当命运与他作对时，他已蓄势待发，足以应对命运的打击。

---

① 阿喀琉斯：特洛伊战争中名震天下的希腊英雄。相传儿时被其母放入冥河得以刀枪不入，但足跟因被抓住未获此神力，成为他唯一的弱点——阿喀琉斯之踵。

② 恺撒：前100—前44，史称恺撒大帝，罗马共和国末期杰出的军事统帅，罗马帝国的奠基者。他率领罗马军队征服高卢全境，并袭击了日耳曼和不列颠。

③ 西庇阿：前236—前183，古罗马统帅，以第二次布匿战争大败迦太基统帅汉尼拔著称于世。

④ 色诺芬：约前435—前355，古希腊历史学家、作家和军事领导人，苏格拉底弟子。他以记录希腊历史、苏格拉底语录著称，著有《远征记》《希腊史》《回忆苏格拉底》等。

第十五章

论世人品质之毁誉，尤以君主为甚

The Prince

现在，我们要探讨的是，在与臣民和朋友相处时，君主应具备何种风范举止。我深知，诸多先贤已对此著书立说，此刻我若再行论述，或许被视为冒失之举。更何况，我所持观点与他人迥然不同。

不过，既然我旨在为读者撰写有益的内容，那么我认为，遵循事物的真实面貌，而非沉溺于虚幻的构想，才是更好的选择。有些关于共和国与君主国的构想，在现实中我们从未目睹或证实过。我们实际的生活方式也与理想相去甚远。那些试图放弃一种生活方式而去追求另一种生活方式的人，往往更容易走向毁灭，而不是得到救赎。任何试图在所有事情上都秉持完美善良标准的人，注定会一败涂地，因为周遭不怀好意的人比比皆是。因此，对于渴望稳固自身地位的君主而言，学会在必要时灵活运用善与不善至关重要。

因此，我们撇开那些关于君主的空想不谈，而是专注于真实可感的现实。在我看来，每个人都会展现出某些特质，这些特质要么赢得赞誉，要么招致批评。尤其是君主，因其地位显赫更容易被人品头论足。于是，有人被誉为慷慨大方，有人则被斥为吝啬小气（我使用"吝啬"而非"贪婪"来描绘那些过于节俭的人；"贪婪"则是渴望非法占有他人财物的欲望）；有人乐善好施，有人贪得无厌；有人心狠手辣，有人菩萨心肠；有人言而无信，有人言而有信；有人怯懦无能，有人果敢勇猛；有人彬彬有礼，有人傲慢无礼；有人道德沦丧，有人品行高洁；有人胸无城府，有人老谋深算；有人老成持重，有人心浮气躁；有人笃信宗教，有人却怀疑信仰。凡此种种，不一而足。

众所周知，君主若能集上述诸多堪称典范的品质于一身，那将多么值得嘉许啊。不过，受制于人性，没有哪位统治者能够完全拥有或始终践行这些品质。为此，君主必须展现出足够的谨慎，懂得如何规避那些可能会危及王权的恶行。同时，他亦需警惕那些虽不致颠覆统治，但仍属卑劣的行径。当然，若实在难以克制自我，他或许可以不太顾忌地放纵后者。不过，对于那些虽被视为恶习，可一旦缺失便可能根基动摇的行为，他绝不能因畏惧非议而迟疑不决。

只要我们通盘考虑便不难发现，那些看似高尚的美德，在践行之时反而可能招致毁灭；而那些看似卑劣的恶习，在实施之际却可能带来安宁与福祉。

第十六章

论慷慨与吝啬

那么，让我们从上面列举的第一种品质谈起。享有慷慨之名固然令人愉悦，但鲜为人知的慷慨，反而是有害的。因为，即使慷慨之举用得再恰当、再合理，倘若不为人知，仍可能背负吝啬的恶名。为了在世人心中树立慷慨大方的名声，君主免不了要摆出奢华炫耀的排场。结果，性喜奢靡的君主会将自己的财富全都挥霍在这些事务上。最终，为了装点慷慨的门面，君主不得不向臣民征收各种苛捐杂税，甚至诉诸没收财产等一切筹款手段。这样一来，他不只惹得民怨沸腾，而且随着财富的减少，他在臣民心中的地位也日益下降，不再受到尊重。到头来，他的慷慨非但没能赢得人心，反而树敌众多，而他自己的境遇也每况愈下，重新陷入最初的种种困境。假如他幡然醒悟，试图痛改前非，立刻又背上了吝啬的恶名。

因此，君主若为了博取名声而慷慨，不可能不贻害自身。所以，英明的君主不会太过在意是否落下吝啬的名声。随着时间的推移，人们会逐渐意识到他的慷慨大方。由于他的节俭，国库日渐充盈，他能够抵御外敌侵略，也能在不增加臣民负担的情况下发动战事。这样，那些没有受到他剥削的民众会认为他很慷慨，这样的人不计其数；会说他吝啬的，不过是那些没从他那里捞到好处的人，这样的人毕竟是少数。

在我们这个时代，建立丰功伟业的往往是那些以"吝啬"闻名的君主。其他人大都在历史长河中销声匿迹。教皇尤利乌斯二世，正是凭借他慷慨的名声才荣登教皇宝座。然而，在与法国国王开战时，他并未刻意维持这份慷慨形象。他发动了多次战役，却未向臣民加征一丝一毫的额外赋税。他凭借自己长期的节俭与积累，从容应对战事带来的庞大开支。倘若现任西班牙国王也是个追求慷慨名声的人，他绝对无法完成或成就如此众多的事业。

君主若能借此避免搜刮民脂民膏，保卫国家免受侵扰，远离拮据与他人轻蔑，并防止自己滑入横征暴敛的旋涡，那么对于吝啬之名，他大可不必介怀。因为，这一看似负面的品质，恰恰成为他的国家长治久安的基石。

也许会有人反驳：正是由于慷慨大方，恺撒才得以执掌帝国的权柄；更有许多人因出手阔绰、慷慨之名远播而步步高升、位极人臣。对此，我的回答是："您或已贵为君主，或正欲成为君主。前者情境下，慷慨非但无益，反而有害；后者则不然，您必须展现出慷慨的一面，方能赢得人心。恺撒便是那觊觎罗马王权之人，他确实需要表现得慷慨大方；然而，一旦大权在握，仍挥霍无度、不加节制，国祚必将断送在他手中。"也许会有人追问，诸多君主曾统率大军，立下赫赫战功，他们的慷慨更是无人能及。对此，我的回答是，君主的花费，或是来自自身及臣民，或是取自他人之手。前者，自当精打细算、量入为出；后者，则慷慨解囊、广施恩赐。君主带兵在外，靠掠夺、缴获和强行摊派维持军需；他经手的皆是他人之财。此时，他必须慷慨大方，否则他的士兵将不再追随他。因此，对于非己非民之财，君主大可慷慨赠予或赏赐，正如居鲁士、恺撒和亚历山大那般。因为，慷他人之慨非但无损您的声誉，反而会增加您的声誉。真正有害的，是将自己的财物拱手让人。

没有哪种品质比慷慨更具自我毁灭性。当您慷慨大方时，您会失去维持这种慷慨的手段（财富），进而陷入困顿，受人轻视；或者，为了避免陷入困顿，您不得不变得贪婪，从而招致人们的憎恨。慷慨会导致轻视或憎恨两种恶果，而身为君主，更应时刻警惕，避免落入这样不幸的境地。因此，明智的选择是：与其为追求慷慨大方而背负上贪婪的骂名（贪婪既会招致憎恨，也会带来轻视），不如承受吝啬的恶名（吝啬虽会招致轻视，但不会引发憎恨）。

第十七章

论残忍与仁慈,以及受人爱戴与令人畏惧的权衡

The Prince

接下来谈谈上面列举的其他品质。我相信，每位君主皆怀揣着一份对仁慈的向往，而非被残忍所笼罩。然而，君主可得当心，以免这份仁慈被滥用。切萨雷·博尔贾是出了名的残忍，但他以铁腕手段让罗马涅重归秩序，实现了统一、安宁和服从。因此，洞察事情的真相不难发现，相较于不愿背负残忍之名，任由皮斯托亚在派系纷争中被撕成碎片的佛罗伦萨人，博尔贾实则更为仁慈。

因此，君主不必顾虑那些残忍不仁的指责，只要这能确保臣民团结一心、服从号令。毕竟，那些凭借寥寥数例残酷事件就能平息动乱的君主，终究会比那些因过分宽容而放任事态恶化，以致引发流血暴力的人更为仁慈。流血暴力会危及整个国家，而君主的严酷手段只损及个人。对于新君主而言，尤其难以避免背负残忍的名声，因为新国家总是危机四伏。正因如此，维吉尔①借狄多②之口，以新政初立为由，为她的苛政开脱：

"命运多舛，统治伊始，

我不得不如此守护这片广袤的土地。"

尽管如此，新君主不宜过于轻信，亦不可轻举妄动；他更不应草木皆兵、自乱阵脚。他应谨慎而不失仁慈，既不因过度信赖而失去警惕，也不因无端猜忌而变得令人难以忍受。

那么问题来了：是应该追求受人爱戴，还是令人畏惧？也许有人会说，两者兼顾方为上策，让人既爱戴又畏惧。然而，鱼和熊掌不可兼得。如果君主必须有所取舍的话，选择令人畏惧显然比受人爱戴更为稳妥。世间人心，大抵如此：忘恩负义，反复无常，装模作样，趋利避害。当您能给予他们好处时，他们对您忠心耿耿；正如我前文所述，在危险尚遥远时，他们甘愿为您赴汤蹈火，不惜牺牲财产、生命乃至子女。真正到了危急关头，他们只会离您而去。因此，对于那些没有其他保障措施，完全听信口头承诺的君主来说，他的统治终将覆灭。因为那些靠金钱买来的友谊，并非源自品

---

① 维吉尔：前70—前19，古罗马诗人。他创作的《埃涅阿斯纪》被誉为"文人史诗"的开端，象征着古罗马文学的巅峰。
② 狄多：腓尼基女王，迦太基城的建立者。维吉尔说她爱上了特洛伊英雄埃涅阿斯，并为此殉情。

格的伟大与高尚；即便这些友谊是通过正当手段得来的，也终将在关键时刻背叛您，让人失望透顶。

此外，与冒犯那些令人畏惧的人相比，人们在冒犯爱戴之人时，不会那般战战兢兢。因为爱戴是以恩义为纽带紧紧相连的，但人性多瑕，若心中私欲低喃不息，这条纽带很可能悄然断裂。相反，畏惧是由对惩罚的忧虑紧紧束缚的，这种忧虑如同枷锁，从不松懈。

然而，君主应以这样的方式激发人们的畏惧：即便无法赢得爱戴，也不至遭人憎恨。君主完全可以做到令人畏惧而不招人怨恨，只要他不去侵犯百姓的财产和妻女，这一点始终成立。如果非要处决某人，唯有证据明显或理由合理，他方可行动。再者，君主绝不应主动寻找没收财产的理由：若人开始依赖掠夺为生，他总会找到借口拿走不属于自己的东西。相反，引发流血事件的理由则更为稀少，且更易耗尽。

但是，当君主统领大军，麾下将士如云时，他必须毅然无视那些关于残忍不仁的指责。身为统帅，若无此等"威名"，便难以凝聚军心，更无法令将士唯命是从。汉尼拔①战功彪炳，其军队表现尤为瞩目：麾下兵多将广，由众多不同民族

---

① 汉尼拔：前247—前182，迦太基统帅，曾越过阿尔卑斯山多次入侵意大利，后被罗马名将西庇阿击败于扎马。其后流亡，最终兵败自杀。

的士兵组成，且在异国他乡作战；然而，无论战局如何变幻，士兵之间从未起过内讧，更未发生过任何反对首领的兵变。这只能归功于他那超乎寻常的残忍，这种残忍手段加上无数卓越品质，使他在士兵心中既可敬又可怕。倘若没有这份残忍的名声，纵使他才能再出众，也难以取得如此成就。

事实上，那些缺乏自省的作家，在赞美汉尼拔功绩的同时，也谴责造成这些功绩的主要原因。然而，仅凭汉尼拔的其他才能，或许难以成就如此功业，而这一点，我们可以在西庇阿身上略见端倪。西庇阿不仅是他那个时代的杰出将领，更是历史上备受推崇的伟大将领之一。可是他的军队竟在西班牙反叛他，原因无非是他过于宽宥，给予士兵与军事纪律不相符的自由。为此，法比乌斯·马克西姆斯①在元老院指责他的弱点，称他败坏了罗马士兵的纪律。同样地，当洛克里斯人受到西庇阿麾下副官无耻凌辱时，他既未替他们讨回公道，也未对副官的傲慢无礼施以惩罚；这皆源于他天性中的宽容与随和。因此，有人试图在元老院为他开脱：更多人擅长避免自己犯错，而不是纠正他人的错误。如果西庇阿继

---

① 法比乌斯·马克西姆斯：前280—前203，又译费边·马克西姆斯，古罗马政治家、军事家，曾五次当选执政官，两次出任独裁官，并担任过监察官。第二次布匿战争他以迁延战术（费边战术）对抗汉尼拔，挽救罗马于危难。

续以宽仁的脾性行使统治权,早晚会损及他的名望和声誉。然而,在元老院的监督下,他那原本可能被视为瑕疵的品性,非但没有被遮掩,反而被赋予了光辉。

　　回到受人爱戴与令人畏惧的问题上,我得出结论:受人爱戴系于臣民之心,而令人畏惧则源于君主之力。因此,英明的君主当求诸己身,而非一味希冀臣民的拥戴。不过,一如前述,君主自当设法摆脱仇恨。

第十八章

论君主当如何守信

The Prince

人人都知道，身为君主，能够言而有信，以正直立身而非机巧行事是多么值得称道啊。然而，环顾当今之世，我们发现，那些不把自己的许诺当回事，却擅长运用诡诈手段"智取"他人的君主，往往能够成就大事；他们最终击败了那些诚实守信的对手。

要知道，争权夺利有两种方式，一是遵循法律，二是使用武力。前者符合人性，后者近乎野兽之行。不过，法律往往不甚堪用，故有必要诉诸武力。因此，君主应当学会如何同时善用人性与兽性。古代的作家们已经隐晦地传授了这门经验。他们笔下，诸如阿喀琉斯等众多古代君王，皆由半人马喀戎①抚养成人。这些君王拜喀戎师，寓意深远：君主必须懂得如何驾驭人性与兽性，两者相辅相成、缺一不可，否

---

① 喀戎：又译凯隆，希腊神话中的半人马，博学多智且为人和善。他曾是阿喀琉斯、伊阿宋、忒修斯和阿斯克勒庇俄斯等希腊英雄年轻时候的老师。

则统治将难以为继。

既然君主当知晓如何巧妙地运用野兽的天性，那他理应效仿狮子与狐狸。狮子虽勇猛，却不懂防范陷阱；狐狸虽狡猾，却难以抵御狼群。因此，他须如狐狸般机警来识别陷阱，又如狮子般勇猛以驱散狼群。

完全依赖力量（效仿狮子）是不明智的。正因如此，当信守承诺于己不利，或者原先做出承诺的事由已不复存在时，明智的君主既不能也不必盲目地坚守承诺。若人人都是良善守约之人，这样的建议自然无从谈起。但现实是，他们既不诚实，也不守信，您也就无须对他们恪守信用。所有君主都能找到冠冕堂皇的理由来为自己的食言之实开脱。这样的例子在现实生活中不胜枚举：多少庄严的条约和协定，都因为君主的背信弃义形同一纸空文。而那些擅长玩弄诡计的人（扮演狐狸）才能出奇制胜。

的确，我们有必要为这种本性披上华丽的外衣，并且精于伪装与掩饰。然而，人是如此"单纯"，又如此绝对地受制于眼前的需求，以至于那些企图欺骗之人，总能轻易找到心甘情愿的受骗对象。

我不可不提及最近的例子。教皇亚历山大六世全然不顾其他，一心只想着如何行骗，且总能找到可乘之机。他断言之坚决，承诺之庄严，无人能及；而他违背誓言之轻易，亦无人能出其右。然而，正因他深谙人性的这一面，他的骗术才屡屡得逞。

君主不必全然具备上面列举的所有优良品质，但看上去具备这些品质至关重要。我甚至敢于断言，若真的具备上述所有品质并始终如一地践行，反而可能有害；相反，看起来具备这些品质则大有裨益。因此，表现出仁慈、诚信、人道、虔诚和正直是极好的，而且也确实如此。但内心应保持一份平衡，在情况有所变化时，当能灵活变通，改弦易辙。

您应当明白，君主，尤其是新君主，往往难以完全遵循那些被视为衡量品行高下的公认行为准则。为了保住王位，他常常不得不违背诚信、仁慈、人道和宗教准则。因此，他必须时刻保持警觉，灵活应对命运的起伏。如前所述，如果可能，他应尽量不偏离正途；如果形势所迫，他也应当知晓如何采取必要的非常手段。

因此，君主应谨言慎行，确保自己说出的每句话都饱含上述五种品质——仁慈、诚信、正直、人道和虔诚，以至于人们只要一听其言、一见其人，便会认为他是这些美德的化身。尤其是虔诚，他必须表现得仿佛完全具备，因为人们往往更倾向于"眼见为实"，而非亲自验证。毕竟，人人都能看到您的外在表现，但很少有人能了解您的内在本质；而这些少数人又不敢反对多数人的意见，因为多数人有着国家威严作为后盾。

此外，世人的一举一动，尤其是君主之行，在缺乏上诉法庭的情况下，往往只能看重结果。正因如此，若君主能够成功树立并维护自己的权威，那么他采取的手段定会赢得荣耀，并广为世人称颂。因为世人常为表象和结果迷惑，而世界正是由这些凡夫俗子主宰的。唯当大众失去立足之地，少数智者方能觅得一片自己的天地。

我们这个时代的某位君主，他的名字还是不提为好。他口口声声宣扬和平与诚信，实则是这两者的死敌。他若真如他宣扬的那样去实践，恐怕不止一次地失去他的王国和权威。

第十九章

论君主应设法避免为人轻视与憎恨

The Prince

现在已经谈及前面提到的主要品质，余下的我将扼要地进行一般性的评论。如前所述，君主应当设法避免那些可能为他招来憎恨或轻视的行为。君主若能成功远离这些，便算尽到了自己的本分；即使还有其他不当之处，也不至于面临太大的风险。

我已说过，最让人痛恨的莫过于君主贪婪成性，侵犯臣民的财产和妻女；这比其他任何方式都更容易招人怨恨。君主当痛定思痛、引以为戒。臣民只要财产和尊严无损，大都会心满意足地过日子。于是，君主只需应付少数人的野心。对于这些野心，他大可以调用各种手段轻松驾驭。

当人们看到君主善变、轻浮、柔弱、沉不住气或优柔寡断时，便会心生轻视。因此，君主务必小心警惕这些缺点。他要保持风度，让伟大、勇气、智慧与力量在他的言行中自然流露。在处理臣民的私人事务时，他的裁断当无可转圜。

他的名声当是如此：无人敢妄图僭越或欺骗。

能够得到如此评价的君主，已然深受爱戴。要阴谋反对这样备受爱戴的君主，几乎不可能成功。当他的臣民真心敬仰他，视他为杰出的领袖时，想要攻击他更是难上加难。君主面临的危险主要有两类：一是内忧，与臣民有关；一是外患，与外部势力有关。对于外患，他可以依靠强大的军队和坚定的盟友来保卫自己。只要军队强大，就不愁找不到可靠的盟友；只要外患得以平息，除非内部出现阴谋反叛，否则内忧也会随之消散。即使边境骤起兵戈，只要君主像我所建议的那样立身行己，利物济人，且不半途而废，他就经受得住任何攻击，正如斯巴达的纳比斯所展现的那样。

外部攘乱平息后，君主仍需提高警惕，因为他的臣民可能会暗中密谋反叛。君主保护自己免受其害的最佳方式是避免为臣民憎恨或轻视，并保持良好的君臣关系。这一点，我已详加阐释，对君主而言至关重要。

类似地，不为臣民憎恨或轻视，是君主对抗阴谋最可靠的保障之一。因为密谋者总是指望置君主于死地来取悦民众。但是，当他发现这样做非但不会大快人心，反而会激起民愤时，他就不敢轻举妄动了。密谋者面临重重困难；经验告诉我们，尽管阴谋层出不穷，但成事者寥寥。因为密谋者无法单独行动，只能在那些他认为心怀不满的人当中寻找共谋。但是，一旦将计划透露给这些不满分子，这反而成了后者消除不满的契机，因为可以通过背叛予取予求，换取各种好处。于是，在权衡利弊时，他一方面看到了可得的利益，另一方面也意识到了潜在的风险和不确定性。如果选择保守秘密，他要么是您难得的朋友，要么是与君主势不两立的仇敌。

简而言之，密谋者一方，受制于嫉妒、不信任以及对惩罚的深深畏惧；而君主一方，则有王权之威，法律为盾，更有盟友与政权的全力庇护。倘若再加上民众的爱戴，那么，几乎无人敢轻率地踏上反叛之路。在常态下，密谋者仅在恶行实施前心存恐惧；然而在此情境下，即便恶行得逞，他亦将陷入恐慌之中，因为此时他已彻底与民众为敌，断绝了所有寻求庇护的可能。

这样的例子数不胜数，不过我想谈一谈我们父辈都记忆犹新的事情。博洛尼亚领主、现任安尼巴莱大人的祖父——安尼巴莱·本蒂沃利，被坎内斯基密谋杀害。家族中除了尚在幼龄的乔万尼[1]大人外，其余无一幸免。谋杀发生后，民众立马起义，将坎内斯基一族全部处决。这源于博洛尼亚民

---

[1] 乔万尼：乔万尼·本蒂沃利（1438—1508），安尼巴莱·本蒂沃利独子。七岁时父遭不幸，长大后执政博洛尼亚。

众对本蒂沃利家族普遍抱有好感。这种好感是如此强烈，以至于在安尼巴莱大人过世后，无人能够领导这个城邦。此时，有消息称，本蒂沃利家族的骨血（之前被误认为是铁匠之子）居住在佛罗伦萨。于是，市民们前往佛罗伦萨，迎回了本蒂沃利家族的后代，并委托他治理博洛尼亚，直到乔万尼长大亲政为止。

概括来说，当臣民对君主怀有好感时，君主几乎不用担心阴谋；但当臣民对君主怀有敌意，甚至深恶痛绝时，君主就有理由惧怕一切人和事。井然有序的国家和贤明睿智的君主都极为谨慎，竭力避免把贵族逼上绝路，同时努力让老百姓过得称心如意，因为这是身为君主最重要的职责之一。

法国是当今秩序井然、治理得当的国家之一。那里的优越制度比比皆是，国王的自由和安全都有赖于这些制度，其中最重要的是议会①及其权威。王国的立宪者深知贵族的野心和傲慢，认为有必要约束和限制他们；同时，他也了解平民因恐惧而对贵族怀恨在心，因而想要护得平民周全，但又不愿将这份责任全都揽在国王身上。为了避免国王因偏袒一方而招致另一方的怨恨，立宪者指定了第三方仲裁，这样可

---

① 议会：巴黎议会（或称巴黎最高法院）曾承担王室法庭的部分职责，与法国大革命后形成的议会制度存在差异。

以在不牵连国王的情况下，抑制贵族势力，保护平民权益。对于国王和王国来说，没有比这更好、更明智、更可靠的保障了。

由此，我们可以得出另一个深刻的启示：君主应将那些需要背负责任的事务交由他人处置，而对那些能够彰显恩泽与善意的事务亲力亲为。此外，我还要强调，君主理应敬重权贵，但绝不能因此惹得民怨沸腾。

也许有人认为，回顾众多罗马皇帝的生平，他们的人生际遇似乎与我所述观点有所出入。我们会发现，其中不乏有人始终秉持正直，展现出非凡的品性，然而，仍难逃乱臣贼子的废黜，甚至惨遭杀害。

为了回应这些质疑，我打算剖析几位皇帝的性格特征，并阐明他们覆灭的原因与我之前指出的并无二致。在此过程中，我将提及一些问题，这些问题是阅读过那段历史的人都会深思的，以供大家探讨。为此，我将列举从哲学家马可[①]时代至马克西米努斯时代相继在位的罗马皇帝，这样足以说明问题。这些皇帝依次为：马可、马可的儿子康茂德、佩蒂

[①] 马可：马可·奥勒留（121—180），罗马帝国五贤帝时代的末代皇帝，被誉为"帝王哲学家"。他在鞍马劳顿中完成的《沉思录》，是斯多葛学派的重要里程碑。

纳克斯、尤利安努斯、塞维鲁及其子卡拉卡拉、马克里努斯、埃拉加巴卢斯、亚历山大,以及马克西米努斯。①

首先,我们必须注意到,在其他君主国,君主只需应对贵族的野心和民众的不服从。罗马皇帝还得面对另一种困难:士兵的残忍和贪婪。他们的残忍和贪婪是如此具有破坏性,以至于许多皇帝因此走向毁灭。君主几乎不可能同时满足士兵和民众的要求:后者热爱和平,因此偏爱稳重的君主;前者则偏爱好战的君主,无论他们多么苛刻、傲慢或贪婪。士兵希望君主这般对付民众,以此获取双倍报酬,并趁机放纵自己的贪婪和残忍。

结果,那些没有继承或为自己赢得足够权力的皇帝,由于无法驾驭民众和士兵,总是以失败告终。尤其是缺乏经验的新任帝国皇帝,在面对民众和士兵相互对立的情绪时,时常感到难以处理。于是,他们开始迎合士兵的需求,而较少顾及民众的感受。对他们而言,这是不得不采取的策略:君主难免遭人憎恨,所以,首要之务是尽力避免成为某一阶层的仇视焦点;若无法做到这一点,则必须竭力防止为那个更强大的阶层憎恨。因此,那些初登大宝、亟需特别支持的皇

---

① 161—238年短短78年间,罗马帝国相继有十位皇帝继位。其中,192年康茂德被杀,193年发生"五帝之年"事件,皇位更迭频繁。

帝,更倾向于站在士兵一边,而非民众一边。结果利弊如何,则取决于君主是否懂得如何维护自己对军队的权威。

这也解释了为何,尽管马可、佩蒂纳克斯和亚历山大皆性情沉稳、热爱正义、反对残酷且温和善良,然而,除了马可"其生也荣,其死也哀"外,其他君主则命运多舛。之所以如此,是因为马可以世袭承继大统,并未假借武力或民意;加之他拥有诸多令人敬仰的美德,因此生前能够巧妙地平衡两大阵营的关系,从未遭人憎恨或轻视。

然而,佩蒂纳克斯①被扶上帝位,却违背了军队的意愿。这些士兵早已习惯了康茂德统治下的放纵不羁,对新皇帝试图恢复严格军纪的做法感到难以接受,因此对佩蒂纳克斯心生不满。加之他年事已高,除了不满之外,更引人轻视。于是,他甫一登基,便遭遇了毁灭性的打击。

此外,还有一点需要注意:善行与恶行同样可能招致仇恨。或者,如前所述,出于这个原因,君主想要维系他的政权,往往不得不采取一些不那么道德的手段。当您认为有必要依靠某个阶层——无论是民众、士兵还是贵族——来维持统治,

---

① 佩蒂纳克斯:126—193,罗马"五帝之年"的五位皇帝之一。康茂德被暗杀后,67岁的佩蒂纳克斯捷足先登,继承皇位。他推动不受欢迎的改革,在位仅三个月便被叛军杀害。

且这个阶层已经腐化时,您也不得不迎合他们,迁就他们的喜好。在这种情况下,坚持道德行为反而可能对您不利。

现在让我们来看看亚历山大①。他堪称公正无私的统治者,在对他的赞誉中,有这样一段记载:在他掌管帝国的十四年间,不曾有人未经审判就被他处死。然而,他也被视为软弱无能,更听任其母干政,因此饱受轻视。后来,军队密谋反叛,他也惨遭毒手。

当我们分析康茂德、塞维鲁和卡拉卡拉的性格时,不难发现他们都是极其残忍且贪婪的君主。为了满足军队的需求,他们不惜对民众施加各种暴行。除了塞维鲁,其他人的结局都颇为凄凉。然而,塞维鲁②凭借刚强的性格,与士兵保持着友好关系。尽管他压迫民众,但他的统治却一度繁荣昌盛,并持续到最后。他的卓越品质让他在民众与士兵眼中都备受敬仰:民众对他叹为观止,士兵则对他心悦诚服。

就新君主而论,塞维鲁的个人作为实在非同凡响。我很快就会指出,他是多么懂得扮演狮子和狐狸的双重角色。一

---

① 亚历山大:亚历山大·塞维鲁(208—235),罗马帝国塞维鲁王朝最后一位皇帝,以重视道德、友善自律的品格为史家所称颂。
② 塞维鲁:塞普蒂米乌斯·塞维鲁(145—211),罗马皇帝,罗马帝国首位来自非洲的皇帝。他于"五帝之年"成功夺得皇位,取代了前任皇帝佩蒂纳克斯。

如前述，每位君主都应懂得如何自如地展示这两类特质。

塞维鲁深知尤利安努斯①皇帝心慵意懒，于是说服自己在伊利里亚指挥的军队，说他们有责任前往罗马，为惨遭禁卫军杀害的佩蒂纳克斯报仇雪耻。他绝口不提自己觊觎帝位的野心，打着勤王的幌子挥师罗马，神不知鬼不觉地抵达意大利。罗马的元老院惊惶之下只得推举他为皇帝。尤利安努斯随后被处决。

迈出第一步后，塞维鲁要成为帝国唯一的主人仍面临两大障碍：一是亚洲的奈哲尔②，他统率着东方军队，并自立为帝；二是西方的阿尔拜努斯③，他同样觊觎皇帝的宝座。面对同时向两地宣战的风险，塞维鲁决定以武力对付东方的奈哲尔，而以"智取"的方式对付西方的阿尔拜努斯。于是，他致信阿尔拜努斯，声称自己已经被元老院推选为皇帝，愿与阿尔拜努斯共享这份荣耀。他赠予阿尔拜努斯"恺撒"的头衔，并依据元老院的决议，与他共治天下。阿尔拜努斯竟对这些说辞深信不疑。然而，塞维鲁在击杀奈哲尔、平定东

---

① 尤利安努斯：137—193，罗马"五帝之年"的五位皇帝之一。佩蒂纳克斯被刺后，他在前所未有的拍卖中高价竞得皇位，在位仅66天。
② 奈哲尔：135—194，又译尼格尔，罗马"五帝之年"的五位皇帝之一。他自立为帝，但被竞争对手塞维鲁击败，于逃离安条克途中被杀。
③ 阿尔拜努斯：150—197，罗马"五帝之年"的五位皇帝之一。他在193年至197年间多次宣称拥有皇位，与塞维鲁争权失败后被斩首。

方后，便即刻返回罗马，向元老院控诉阿尔拜努斯：此僚全然不顾自己曾经给予的恩惠，竟背信弃义地妄图加害于他。为此，他不得不前去惩罚阿尔拜努斯的忘恩负义。随后，塞维鲁动身前往高卢征讨阿尔拜努斯，在那里剥夺了后者的尊荣和性命。

任何仔细研究塞维鲁事迹的人都会发现，他身上兼具狮子的凶猛与狐狸的狡猾。民众对他既敬畏又尊重，军队也不仇视他。这样，他作为新君主，能够稳固统治如此庞大的帝国也就不足为奇了。他的残暴和贪婪本应招致憎恶，然而，他的显赫名声却抵消了这些负面情感，使他免受民众反感。

塞维鲁的儿子卡拉卡拉[①]也非等闲之辈，他的一些品质使他不只广受民众钦佩，而且深受士兵爱戴。卡拉卡拉是个尚武之人，最能吃苦耐劳，看不惯珍馐佳肴和萎靡不振的生活。然而，他的凶狠和残暴令人发指，简直闻所未闻——他杀人如麻，曾在不同时期处死大批罗马居民，甚至一怒之下屠了亚历山德里亚全城，以至于全世界都憎恨他，甚至连他身边的人都惧怕他，最后他死在自己军队的一名百夫

[①] 卡拉卡拉：186—217，罗马皇帝，塞维鲁的大儿子。他杀死弟弟盖塔以巩固皇位，并颁布了旨在统一帝国税制、增加国库收入的"卡拉卡拉敕令"，这成为罗马帝国由盛转衰的标志。

长手上。

需要明确的是，这类蓄谋已久的死亡事件，君主往往难以幸免，因为那些将生死置之度外的人，一旦放手一搏，几乎都能得手。然而，君主也无须过度恐慌，毕竟这类事件鲜有发生。他唯一能采取的预防措施，就是避免过分伤害那些贴身侍从或常伴左右的朝臣。卡拉卡忽视了这一点，他不仅残忍地处死了那位百夫长的兄弟，还日复一日地威胁百夫长；然而，他仍让百夫长随侍在侧，担任自己的贴身护卫。事实证明，这种做法鲁莽至极，最终酿成了他的杀身之祸。

接下来谈谈康茂德[①]。由于"世袭罔替"，他本能轻松地统治这个帝国。身为马可之子，他只需沿袭父亲的治国之道，便足以令民众与士兵相安无事。然而，他生性残忍暴虐，为了满足自己的贪欲，他不惜鱼肉百姓，讨好军队，纵容士兵肆意妄为。另外，他全然不顾帝王尊严，经常下到竞技场与角斗士格斗，更做出诸多与帝王身份不相称的下流勾当。因此，在士兵眼中，他变得愈发可鄙。一方面民众憎恨他，另一方面士兵鄙视他，最终他竟落得个死于非命的下场。

[①] 康茂德：161—192，罗马帝国安敦尼王朝最后一代皇帝。他结束了五贤帝时代的繁华，因残暴行径和荒诞统治被视为暴君的典范。康茂德遇刺身亡后，罗马帝国再次陷入动荡之中。

马克西米努斯①的品性还有待细说。他好战成性，因军队对前任皇帝亚历山大的软弱感到不满（前文已述），故在亚历山大死后，他被军队拥立为帝。然而，他的辉煌并未持续太久，因为两件事让他在人们心中变得既可憎又可鄙。其一，他出身卑贱，曾在色雷斯牧羊，这事众所周知，致使人人都对他不屑一顾；其二，在被拥立为帝后，他迟迟不前往罗马登基，反而纵容其执政官在罗马及帝国其他地区犯下诸多暴行，由此背上了残暴的恶名。结果，全世界都对他的卑微出身嗤之以鼻，同时又因惧怕他的凶残而心生愤恨。于是，各方势力纷纷联合起来反抗他：非洲率先发难，元老院、罗马民众以及整个意大利紧随其后；就连他自己的军队也加入了这场阴谋。彼时，军队正围攻阿奎莱亚，久攻不下，更对马克西米努斯的暴虐感到厌恶。他们目睹反对者众多，便不再心存畏惧，最终结果了他的性命。

至于埃拉加巴卢斯②、马克里努斯③及尤利安努斯，其卑

---

① 马克西米努斯：173—238，罗马皇帝，罗马帝国首位出身蛮族，且由士兵晋升的皇帝。

② 埃拉加巴卢斯：203—222，又译赫利奥加巴卢斯，罗马皇帝，罗马历史上首位出身帝国东方叙利亚的皇帝。古典主义名画《埃拉加巴卢斯的玫瑰》描绘了他的荒诞生活。

③ 马克里努斯：164—218，罗马皇帝，罗马帝国首位北非皇帝，217年至218年在位。

劣行径已无须赘述,他们皆仓皇垮台。在此,我想指出,相较于往昔,我们当下的君主较少为维持士兵的好感而费心劳力。诚然,他们仍需对士兵保持一定的宽容,但这种宽容的紧迫性已不如从前。这是因为,当代君主并未拥有一支如罗马帝国时期那般,随着政权扩张和国家管理强化而日益壮大的常备军。昔日,因士兵权势凌驾于民众之上,故需取悦士兵而非民众;而今,除了土耳其[①]皇帝和苏丹[②]外,所有君主更需迎合民众而非士兵,因为民众的力量已超越士兵。

我之所以不把土耳其皇帝包括在内,是因为他身边常伴有近一万两千名步兵和一万五千名骑兵。这些军队是王国安全与实力的基石,因此他必须与之保持良好关系,民众利益不过处于次要位置。苏丹政权的情况也大同小异,他完全受军队控制,故需与军队交好,不必过多顾及民众。

值得注意的是,苏丹的国家结构迥异于其他君主国。它既非新立君主国,亦非世袭君主国,反倒与教会君主国有着诸多相似之处。因为苏丹的继任者并非前任苏丹的子嗣,而是由掌握法定权力的选举人选举产生。这一套古老、既定的

---

① 指奥斯曼帝国,土耳其人建立的多民族帝国。
② 苏丹:马穆鲁克苏丹国的最后一位苏丹。马穆鲁克苏丹国,13世纪至16世纪统治埃及等地的王朝,1517年被土耳其推翻,埃及成为奥斯曼帝国的行省。

秩序，使得苏丹体制无法归类为新立君主国，因为它不存在新立君主国常见的各种难题。尽管君主是新登基的，但国家制度却源远流长，且经过精心设计，以至于选举产生的君主能够像世袭君主一样，得到广泛的承认和接纳。

不过，言归正传，我要说，任何深入前述推论之人，都将明白，我所提及的那些帝王，他们的覆灭无不跟憎恨或轻视有关；并且也将明了，为何有人择路而行，有人却背道而驰；在这两条截然不同的道路上，每一条都仅有寥寥数人得以圆满落幕，其余众人则皆以悲剧收场。佩蒂纳克斯和亚历山大二人，身为新君却试图模仿世袭君主马可，非但徒劳反而有害；同样，卡拉卡拉、康茂德和马克西米努斯三人，由于缺乏追随塞维鲁的那些品质，他们盲目地亦步亦趋，更是致命的错误。

总之，初登大位的君主不宜盲目效仿马可的作为，亦无须全盘复制塞维鲁的举措；相反，他应汲取塞维鲁的治国智慧，作为构筑新政权的基石，同时借鉴马可那些有利于稳固政权的策略。根基稳固后，他更应全力以赴，实现统治的辉煌与灿烂。

第二十章

论堡垒及其他君主惯用策略之利弊

为了天下长治久安，有人选择刀枪入库，马放南山；有人试图封疆裂土，分而治之；有人甘愿自招敌怨，以期在斗争中巩固权力；有人决心化敌为友，努力化解初期的不信任。当然，也有君主大兴土木，修建堡垒以增强防御；有人则反其道而行之，拆毁堡垒以示开放与和平。上述种种方略，我们难以一概而论，必须结合不同国家的具体情况方能做出评判。不过，我仍会在话题允许的范围内，尽可能全面地探讨这些治国之道。

从来没有哪位新君主解除过臣民的武装。相反，当他发现臣民手无寸铁时，他总是武装他们，因为这些武装会转化为君主的力量源泉。那些原本受到怀疑的人会因此变得忠诚，而那些原本忠诚的人会继续保持忠诚；他们终将成为君主坚定的支持者。当然，君主不可能武装所有的臣民；如果那些武装起来的臣民得到了特别的优待，那么君主在处理与其他臣民的关系时会更加游刃有余。由于被优待的臣民能够感受到与君主之间的特殊纽带，他们会更加死心塌地地追随君主。其他臣民则会理解这种做法，他们会认识到，那些出生入死、责任重大的人，理应得到更多回报。

可当君主着手解散武装，便会立马激怒臣民。因为这摆明是君主的不信任，要么是质疑他们的勇气，要么是怀疑他们的忠诚；这两种猜忌都会招致对君主的憎恨。此外，君主若失去武装，便只能诉诸雇佣兵。对于雇佣兵的情况，我已有所阐述；然而，即便他们再可靠，也可能分身乏术，因为他们既要抵御环伺的强敌，又要监视那些不受信任的臣民。因此，如前所述，新王国的新君主总是致力于加强自身的武装力量。历史上这样的例子不胜枚举。

然而，君主吞并新领土，这片新土地就如同他旧领地的自然延伸，紧密相连；此时，他有必要解除新居民的武装，但征服时的支持者除外。即便是这些有功之臣，只要时机成熟，他也应设法剪除他们的武装，使他们驯服。换言之，他应确保新领土的所有武力都牢牢掌握在自己信赖的、曾在旧领地上与他并肩作战的士兵手中。

我们的老祖宗，甚至那些被誉为贤哲的先人，也常言，"皮斯托亚因纷争而固，比萨赖要塞以安"。他们以此为据，在诸多领地间挑拨离间，以期用较小的代价维系统治。在意大利尚处于某种平衡之际，此举或许不失为明智之选。然而，时至今日，仍将其奉为金科玉律似乎已不合时宜。我不认为蓄意制造分裂会有什么好处可言；相反，当外敌逼近，分裂的城市只会迅速沦陷，因为较弱的一方往往会投靠入侵者，而另一方则独木难支。

我认为是受到了上述理由影响，威尼斯人在臣服于他们的城市中扶植了归尔甫和吉柏林①两派。他们虽未让流血事件发生，却实实在在地挑起了派系争斗，使得市民们心烦意乱，无暇顾及密谋反对他们。但是，众所周知，这并未给威尼斯人带来多大好处。当其在维拉战败后，其中一派突然鼓足勇气，一举从威尼斯人手中夺走了全部土地。

此外，派系斗争实则映射出君主的软弱：强权之下，岂容此等分裂存在。唯有太平年月，此类分裂、内斗才可能稍显益处，充其量不过是统治者更易驾驭臣民的权宜之计。然而，一旦战火燃起，其弊端便会暴露无遗。

毋庸置疑，君主正是通过战胜困难与反对势力来铸就他

---

① 吉柏林派，中世纪意大利的政治党派，支持神圣罗马帝国皇帝，反对教皇及其支持者归尔甫派。

们的伟大。当命运之神欲成就新君主的伟大时（新君主比世袭君主更需要赢得声誉），她会巧妙地让敌人涌现，驱使敌人发起攻击，从而为君主创造击败敌人的良机，助其沿着敌人铺设的阶梯步步攀登至权力的巅峰。正因如此，许多人相信，英明的君主应善于把握时机，在某些地方刻意地煽动对自己的敌意，以便在粉碎这些敌意的过程中彰显自己的伟大。

君主，尤其是新登基的君主，通常会发现，他们当初怀疑过的那些人，往往比一开始就受到信任的人更加忠诚和有用。潘多尔福·彼得鲁奇①，锡耶纳领主，便是通过起用他一度不信任的人来治理国家，而不是依赖其他人。不过这一点很难一概而论，具体做法需视情况酌情而定。我想说的是，那些在君主即位之初抱有敌意的人，如果他们需要支持来维持自己的地位，那么君主总是可以轻易地赢得他们的忠诚。因为他们深知，必须拿出实际行动来改变君主对他们的不良印象，自然会加倍尽心尽力。如此一来，君主从他们那里得到的助力，往往比那些过于心安理得、漫不经心地履行职责

---

① 潘多尔福·彼得鲁奇：1452—1512，1502 年成为锡耶纳统治者，1503 年被切萨雷·博尔贾驱逐，后得法国支持而复位。

的人更为可靠。

既然提及这个问题，我必须提醒诸位：那些通过当地人支持而夺得新领地的君主，一定要好好掂量掂量，是什么原因促使当地人选择支持他。如果发现支持者的动机并非出于对君主个人的天然好感，而仅仅出于对旧政权的不满，那么，维持这些支持者的友谊将变得异常艰难，因为他们的期望往往难以满足。细心斟酌个中道理，再回顾古往今来的诸多例子，君主便会发现：相较于那些仅仅因对现状不满便投靠自己、助自己篡权夺位的人，那些原本对现状满意、因故成为敌手的人，反而更容易与之建立友谊。

为了更加稳固地守卫自己的领地，君主历来有建造堡垒的习惯。这些堡垒既能遏制并约束那些心怀不轨者的野心，又能作为抵御敌人初次进攻的安全避难所。我赞同这一传统，它源远流长，且沿用至今。然而，时至今日，尼科洛·维泰利①大人却认为，拆除卡斯泰洛城内的两座堡垒，才是确保该城安全的明智之举。同样，被切萨雷·博尔贾逐出领地的乌尔比诺公爵吉多·乌巴尔多②，在重返故土后，也毅然决

---

① 尼科洛·维泰利：1414—1486，意大利雇佣军指挥官，控制卡斯泰洛城。1474年被教皇西克斯图斯四世撤职，1482年复权。
② 吉多·乌巴尔多：1472—1508，乌尔比诺公爵。1503年教皇亚历山大六世去世后重掌政权。

定将整个公国的堡垒夷为平地；他认为，唯有如此，公国才不会再次落入敌手。本蒂沃利家族在返回博洛尼亚后，也采取了相同的做法。

因此，堡垒的效用要视具体情况而定；它们在一种情境下可能对您有益，在另一种情境下则可能有害。我们也许可以这样表述：如果君主惧怕臣民甚于外敌，那么建造堡垒是必要的；而若惧怕外敌甚于臣民，则无须理会它们。弗朗切斯科·斯福尔扎在米兰修筑的城堡，对斯福尔扎家族而言，所造成的威胁甚至超过了公国的其他任何动荡；过去如此，未来亦然。因此，我们可以说，最牢不可破的堡垒莫过于不为您的臣民所憎恨。一旦他们对您心生恨意，任何堡垒都保护不了您；因为只要民众拿起武器，外国人定会前来趁火打劫。

在我们这个时代，堡垒似乎并未对哪位君主产生过实质性的帮助，弗利伯爵夫人却是个例外。丈夫吉罗拉莫伯爵遇害后，她凭借堡垒逃脱了叛乱者的首轮攻击，并等待米兰援兵的到来，最终收复了失地。当时的形势不允许任何外国势力介入以援助民众，这为她争取了时间。然而，当切萨雷·博尔贾向她发起攻击时，民众因对她心怀愤恨转而支持入侵者，这时她的堡垒便无济于事了。因此，无论是这次还是之前那次，如果她能够避免与民众为敌，那么不建造堡垒反而更加安全。

综合以上考量，我对兴建堡垒和不建堡垒者皆持赞许态度；然而，对于那些因依赖堡垒而视民怨为无物的人，我必须予以责备。

第二十一章

论君主应如何自处
以赢得声望

The Prince

没有什么比一位君主勇于开拓伟大的事业，并展现出非凡的才能，更能赢得世人的敬仰。在我们这个时代，阿拉贡的斐迪南——现今的西班牙国王，便是这样的典范。他几乎可以算作新君主，原本只是最弱小的统治者之一，却凭借名声与荣耀，一跃成为基督教世界中最杰出的国王。审视他的诸多成就，您会发现它们无一不是伟大的，有些甚至堪称非凡。

在他即位之初，他对格拉纳达发动了战争，这场战争稳固了他权力的基础。起初，他从容不迫地推进战争，丝毫不担心战争中断。战事完全吸引了卡斯蒂利亚贵族的心思和注意力，使他们无暇顾及国内的变化。与此同时，他悄无声息地在贵族中赢得了声誉和威望。他依靠教会和臣民的资金维持军队，并在长期战争中奠定了日后使他声名远扬的军事纪律体系。此外，为了能够从事更伟大的事业，他总是披着宗教的外衣，诉诸"虔诚的残忍"手段，驱逐并清除了他王国里的马拉诺人①；这一手段无与伦比，着实令人惊叹。他以同样的借口向非洲开战，入侵意大利，最后进攻法国。由于他不断忙于策划和实施宏大的计划，他的臣民对他的计划充满疑虑和钦佩，同时又为他的行动结果所吸引。这些行动一个接一个地出现，使他们没有时间也没有机会去反对。

再者，君主在管理国家内部政务时，可以借鉴米兰贝尔纳博②大人的做法。每当有人在市民生活中做出不同寻常的行为，无论这些行为是善是恶，都为君主提供了诉诸引人注目的、实施有效奖惩手段的机会。最重要的是，君主应该不遗余力地通过自己的行动来展现自己的伟大和善良，以此激发民众的认知和爱戴。

同样，一位敌我分明的君主，无论是作为矢志不渝的朋友还是彻头彻尾的敌人，都会备受尊重。也就是说，君主应当毫无保留地公开表明立场，支持一方而反对另一方；立场鲜明的作风比保持中立有利得多。假设您的两个强大邻居发生冲突，那么您可能出于某些原因而对获胜一方心存畏惧，

---

① 马拉诺人：中世纪晚期改信基督教的西班牙或葡萄牙犹太人，尤指表面改信基督教但仍秘密信奉犹太教的人。
② 贝尔纳博：贝尔纳博·维斯孔蒂（1323—1385），米兰统治者。他以乖戾的个性和行为怪异的统治方式闻名；他的政治手腕和军事才能为米兰发展奠定了基础。

或者无所畏惧。但无论哪种情况，您都应当表明自己的立场，坦率地加入其中一方。如果不这样做，在前一种情况下，您肯定会成为胜利者的猎物，而失败者则会幸灾乐祸。届时，您所辩解的任何理由或说法都无法为您提供保护或庇佑，因为胜利者不喜欢摇摆不定、在关键时刻帮不了他的朋友；同时，失败者也会对您冷眼相待，因为您没有拿起武器与他并肩作战。

当埃托利亚人恳请安条克出兵希腊，意图驱逐罗马势力时，安条克派遣使臣前往与罗马素有交情的亚该亚地区，力劝他们保持中立。然而，罗马方面则敦促亚该亚人挺身而出，为自己拿起武器。在亚该亚人召开的会议上，安条克的使臣再次重申了中立的主张，罗马使臣则针锋相对地反驳道："若你们选择置身事外，那将是极其不明智的决定。因为袖手旁观，你们既捞不到好处，也挣不来名声，最终只会沦为胜利者的战利品。"

事情总是如此：不是您的朋友，会请求您保持中立；是您的朋友，会呼吁您公开宣战。为了躲避眼前的危险，优柔寡断的君主往往会选择中立道路，这往往导致他们的毁灭。然而，当您勇敢地宣告支持一方或另一方时：如果您支持的一方获胜，虽然他势力强大，您不得不依附于他，但他对您负有恩义,你们之间已建立了友谊。没有人会如此寡廉鲜耻,竟然恩将仇报,去毁灭那些曾经伸出援手之人。况且,胜利从不会如此绝对,胜利者也不会无所顾忌,尤其不会不顾及正义。反之,如果您支持的一方败北,您将永远得到他的好感。只要力所能及,他就会帮助您;而您,将成为他的同伴,共谋东山再起。

至于后一种情况,即交战双方实力都很有限,以至于无论哪一方获胜,您都无须惧怕。在这种情况下,您更应审慎地选择立场。因为,这相当于您协助一方去毁掉另一方,如果受助一方足够明智的话,倒可能会尝试襄助对方。有了您的协助,受助一方取得胜利几乎已成定局,而他也将不可避免地落入您的掌控之中。

这里要特别指出,君主应谨慎行事,切勿轻易与比自己强大的势力结盟去攻打他人,除非情势所迫,别无选择。一如前述:一旦结盟对象占了上风,君主便不得不任其摆布;身为君主,应竭力避免受制于人。威尼斯人本可以拒绝结盟,但他们却与法国联手对抗米兰公爵,这最终导致了他们的覆灭。然而,当结盟不可避免,正如佛罗伦萨人昔日面临的那般——教皇与西班牙联军压境,伦巴第危在旦夕——君主出于上述种种考量,必须选定自己的立场。

不要妄想能为自己找到万全之策。相反，君主必须认识到：每条政策路线都充满了不确定性；因为世事无常，我们在试图避开一种灾祸的同时，往往又陷入另一种麻烦。因此，审慎就是要学会趋利避害，辨别不利条件的严重程度，将较小的恶视为相对较好的选择。

再者，君主应求贤若渴，尊重并提携那些才华横溢之士。为此，君主应保障臣民都能安心地从事各行各业，无论是商贸、农耕，还是其他领域。如此，臣民便不会因为担忧财产被剥夺而不敢有所增益，也不会因为惧怕税收而放弃商贸之途。对于那些愿意如此奉献的人，以及愿以任何形式为城邦或国家增光添彩的人，君主都应给予适当的奖赏。

此外，君主还应在一年中的适当时节，举办节日庆典与文娱表演，以此款待民众。由于每座城市都划分为诸多行会与团体，君主应关注这些社会团体，适时参与他们的集会。君主应以身作则、彬彬有礼、慷慨大度，始终保持自己的君主尊严，这容不得丝毫妥协。

第二十二章
论股肱之臣

The Prince

选任大臣，事关重大。大臣是否贤明，关键在于君主是否英明。因此，我们判断君主品行和才智的最直接依据，便是观察他身边的人。如果这些人精明能干、忠心耿耿，我们便可称赞他为英明的君主，因为他具备知人之明，又深谙用人之道。反之，如果这些人并非如此，我们难免会对他有所贬损，因为他在选任人才时已经犯下了第一个错误。

韦纳夫罗的安东尼奥[①]大人，是锡耶纳领主潘多尔福·彼得鲁奇的股肱之臣。提及潘多尔福，无人不赞他睿智过人，因为他慧眼识珠，视安东尼奥为左膀右臂。论及人的才智，大抵分为三类：其一，无师自通，单凭自己便能领悟；其二，需人点拨，方能融会贯通；其三，既不能自通，别人也点拨不通。此三者中，第一类卓尔不凡；第二类亦属上乘；至于第三类，则近乎无用。说实话，潘多尔福即便不如第一类才

---

① 安东尼奥：安东尼奥·乔尔达诺（1459—1530），意大利文艺复兴时期杰出的政治家和法学家，曾任锡耶纳首相。

智过人，也定是第二类无疑。毕竟，当君主有了判断力，能明辨是非曲直，即便没有创造之才，也能明察大臣良莠有别，奖善罚恶。如此一来，大臣自不敢欺瞒君主，只会加倍尽心尽力。

至于君主如何知人善任，存在一个确凿无疑的准则：那些凡事只为自己考虑，只顾谋取一己私利，将个人利益置于君主之上的大臣，绝无可能成为贤臣，更无可能被委以重任。因为他们肩负着国家的重托，理应忘乎小我，全心全意地为君主着想，绝不应让君主为那些与他无关的杂务分心。另一方面，为了维系大臣的忠诚与贤能，君主应当对他关怀备至：晋升其官位以示尊荣，赏赐其富贵以示优待，以恩宠笼络其心，使其与己共担国家的荣耀与责任。如此，大臣因荣宠加身而心满意足，别无所求；同时，他深知肩负重任，离开君主便难以自立，因此唯恐生变。若以此为本，便能恪守君臣之义，君臣互信不疑；反之，只会各行其是，各蒙其报。

第二十三章

论远佞臣

The Prince

除非极其谨慎又或足够幸运，否则君主在呼朋唤友时很难不犯错误，而这个错误我必须着重指出。我要指出的是君主身边的佞臣：阿谀奉承之辈在朝中比比皆是，皆因人人对自己的作为感到自满自足，如此自我沉醉，以致在谄媚的泥沼中愈陷愈深；即便有些人奋力挣扎，也很可能因此为人所轻。

君主要摆脱阿谀奉承，唯有对真话不以为忤；但若人人皆敢直言不讳，敬畏之情恐将减弱。因此，英明的君主当行中庸之道：在朝臣中挑选有识之士，允许他们在咨政时自由表达意见，且限于君主主动问询的事务。不过，君主应就国事之大小，广泛征询资政们的意见。在悉心聆听并深思熟虑后，君主当自行裁决。无论是与资政们集体共议，还是与个别资政私下交流，君主皆当展现出某种风范：资政的言辞愈是开诚布公，就愈能赢得君主的青睐与信任。除此之外，君主勿再听信他人之言，而应秉持既定的方略，坚持自己的决定,不得出尔反尔。否则,他要么败于佞臣之手,要么因意见分歧而摇摆不定,最终失去他人的尊重。

关于这个问题,我想举个最近的例子。卢克神父是今上马克西米利安①的宫廷侍从。这位天子近臣在谈及圣上时曾透露,皇帝从不咨商意见,却也未能恣意行事。这正是因为他采取了与上述建议背道而驰的做法。皇帝生性隐秘,从不透露自己的意图,也不征求他人的看法。他的计划只有在付诸实施时才为人所知,这时他身边的人就会开始阻挠或提出异议,皇帝往往轻易让步。结果便是,他的决定总是朝令夕改,他的意图和计划更是难以捉摸,让那些试图依赖其决定行事的人感到无所适从。

因此,君主应该根据自己的意愿来听取意见,而不是迎合他人的期望。对于那些不打算寻求建议的事务,他自能令周遭默然无声。君主有权自由地发起征询,并在听取意见时,保持耐心、倾听真言。如果发现有人出于任何缘由隐瞒真相,他定然龙颜不悦。

但是,若有人认为,英主之名只归功于君主身边的辅佐,而不是君主自身有为,那就大错特错了。实则,颠扑不破的

---

① 马克西米利安:马克西米利安一世(1459—1519),奥地利大公,神圣罗马帝国皇帝,"罗马人民的国王"。

真理在于：君主如果不够英明，则无法从他处觅得良策；除非他幸得一位极其睿智的资政，并甘愿全权托付。即便如此，他或能暂得高见；然好景不长，权臣终将觊觎其位。再者，当资政众多而君主不明时，意见纷纭而至，君主既无法求得共识，亦难以统筹整合。更有甚者，资政各具私心，君主难窥其奸，遑论纠正。此中情形，大抵如此。除非资政们深知"士之立身，忠信为本"，否则只会变本加厉。

由此可见，咨政之高明，无论源自何方，皆根植于君主之英明，而非君主因辅佐方显英明。

第二十四章

论意大利的君主为何亡国

The Prince

上述谆谆教诲，若能谨慎遵循，定能让初登大位的新君主，展现得如同资历深厚的旧君主般沉稳。他的地位，将比那些仅凭时间积淀获得认可的世袭君主，更加稳固和牢靠。世人对于新君主的一举一动，总是格外关注。如果新君主展现出卓越的德行与能力，便能迅速赢得人心，其影响力远超古老的血统。因为人们总是更易被眼前的现实打动，而非遥远的过去。民众发现新君主能带来福祉时，便会沉浸在当下的幸福之中，甚至愿意倾尽全力捍卫新君主，只要他在其他方面没有过失。如此，新君主便能收获双重的荣耀：他既为新王国奠定了坚实的基础，又以良善的法律、强大的军队、忠诚的盟友和卓越的成就，将新王国装点得更加辉煌。反之，若世袭君主因智虑不足而失去王国，那无疑是双倍的打击。

在我们这个时代，意大利的统治者，诸如那不勒斯国王、米兰公爵等等，他们都失去了领土。审视他们的情况，我们不难发现：首先，在军备方面，他们都存在类似的短板，上文已有所论述；其次，他们中的一些人，要么与民众为敌，要么与民众为伍，却未能有效驾驭贵族势力。倘若没有这些缺陷，只要维持一支足以征战沙场的强大军队，他们的统治便不会轻易被推翻。

马其顿的腓力——不是亚历山大大帝之父，而是被提图斯·昆克修斯[①]击败的那位君主——与进攻他的罗马人和希腊人的实力相比，他的国家并不强大。然而，他拥有一颗好战的心，擅长赢得民众的好感，并能保有贵族的忠诚。正因如此，面对敌人的进攻，他依然坚守多年。尽管失去了一些城镇，他还是成功地保住了王国。

因此，对那些久掌王权却最终失却领地的君主而言，他们应当归咎于自身的惰怠，而非命运的捉弄。在安逸的日子里，他们未曾预见可能的变故，正如人在风平浪静时往往忘却风暴的存在；在危难之际，他们全然不思抵抗，只顾仓皇逃窜；他们仍怀抱希望，期盼有朝一日民众能因厌恶征服者的傲慢而迎回他们。

[①] 即提图斯·昆克修斯·弗拉米尼努斯（前229—前174），古罗马将军和政治家，他建立了罗马在希腊的霸权。

在无计可施之际，这也不失为一个办法。但若执着于此，摒弃其他所有方法，那便是愚不可及。无人甘愿将自己的命运寄托在那种可能性上——恰巧有人会挺身而出，为您匡扶社稷。毕竟，您可能不被臣民召回，或者即便被召回，也不会给您带来丝毫的安全感。因人成事终究不是光彩之举，因为这样的成功并非自己所能左右。唯有依靠自身和自身的本领，方能赢得可靠、确凿且持久的成功。

第二十五章

论命运对世事的影响，以及如何与之抗衡

我深谙：长久以来，人们一直相信，并将继续相信，世事深受命运与上帝的安排，以至于我们难以凭借自身的谋略去改变它们，实际上也无从改变。因此，人们逐渐认为，为任何事情拼尽全力没有意义，只能顺其自然，听凭命运安排。在我们这个时代，世事巨变屡见不鲜，每日都有出乎意料的变化发生，这使得听天由命的观念更容易为世人接受。尽管如此，我们的自由意志仍占据着一席之地。我认为：命运或许是我们一半行动的女主人，而将另一半行动的控制权，甚至更少的一部分，留给了我们自己。

我会将她比作狂野的洪水，发怒时，会无情地漫过平原，卷走树木和房屋，冲刷河岸的泥土至对岸。人们在洪水面前四处奔逃，屈从其愤怒，丝毫没有还手之力。然而，尽管这是洪水的天性，但这并不意味着，在风和日丽的日子里，人们不能筑堤开渠，以备不时之需。当洪水再度席卷而来，便能借由人工之渠顺流而下，从而避免泛滥成灾。命运亦是如此，她在缺乏抵抗之力的地方肆意横行；在无关隘阻挡、无堤坝约束之处，她更是无所顾忌，肆意妄为。

我们来看看意大利吧。您会发现，这块土地既无坚固的堤坝，也无牢固的关隘。因此，它既是变乱滋生的温床，也是变乱发生的地方。试想，如果意大利能像德国、法国和西班牙那样，拥有足够强大的防卫力量，那么，即便变乱的洪流真的汹涌而至，也绝不会造成我们所目睹的翻天覆地的变化。

我认为，以上内容已足以概括地说明如何应对命运。不过，我还是要更深入地谈谈手头这个问题。我注意到，有的君主今日还蒸蒸日上，隔日就穷途末路，而他的本性或性格似乎察觉不到有什么变化。我相信，这样的下场可以归因于我们之前讨论过的一个原因：一位完全依赖命运的君主，一旦命运发生变化，后果将不堪设想。此外，我也相信，那些行事作风最能顺应时代特点的君主，将会功成名遂；相反，那些行事作风与时代不符的君主，则可能身名俱灭。

我们会看到，世人在追求荣华富贵的道路上，各展其能，方式各异：有的谨小慎微，有的性情急躁；有的残暴不仁，有的狡黠多端；有的卧薪尝胆，有的则截然相反。尽管手段千差万别，但他们都有可能得偿所愿。

我们还会看到，两个行事谨慎之人，一个能达成目标，另一个却无功而返；两个性情迥异之人，一个谨言慎行，另一个意气用事，却同样能取得成功。这不是出于别的原因，而是取决于他们的行事方式是否顺应时代的发展。因此，一如前述，两人行事方式不同，结果却可能相同；或者，两人行事方式相似，却一个成功，一个失败。其中也蕴含着命运的起伏变化。当某人以谨慎和耐心行事，且时间和环境都对他有利，他的行为方式便显得恰到好处，从而总能事事亨通；然而，如果时过境迁、世事更迭，而他未能做到因势利导，那么只会一败涂地。

然而，世间少有思虑周密之人懂得如何顺应周遭种种变化。一来，人往往受限于天性，难以偏离既定的轨迹；二来，若在某条道路上总是顺顺当当，便难以说服自己改弦更张。因此，当形势要求谨慎之人果敢行事时，他们往往力不从心，最终以失败告终。反之，若能顺应时势，适时调整自己的性情与作风，他们的命运便能免于无常。

教皇尤利乌斯二世行事雷厉风行。他总能察觉到时势与他的行事作风不谋而合，因此屡屡斩获佳绩。当他首次出征博洛尼亚时，乔万尼·本蒂沃利奥大人尚在人世。彼时，威尼斯人与西班牙国王均持反对态度,而与法国国王的谈判也未尘埃落定。然而,教皇凭其一贯的果敢与坚毅,毅然率军出征。此举令西班牙国王与威尼斯人均陷入被动——威尼斯人因恐惧而受制,西班牙国王则因急于收复整个那不勒斯王国而分心。同时,他还成功拉拢了法国国王,后者本欲借教皇之力削弱威尼斯人,见教皇已付诸行动,便意识到无法拒绝援兵之请,以免公然开罪教皇。因此,尤利乌斯凭借他的果敢行动,完成了那些即便最具智慧的教皇也难以达成的壮举。若他如其他教皇般,待条件成熟、万事俱备才离开罗马,他就永远不会成功。因为,法国国王会找出无数理由来拖延,其他人则会以重重警告来给他施加压力。至于他的其他作为,我无须赘言,它们皆具相似性质,且得圆满结局,这可以归因于他的任期短暂,未及遭遇挫败。然而,若时势迫使他行事谨慎,那么他必将走向覆灭,因为他绝不会背离本性驱使他采取的那些做法。

总之,我要说的是,命运千变万化,而世人往往故步自封;只要两者的步伐和谐一致,他们就会欣欣向荣,反之则会江河日下。然而,在这一点上,果敢比谨慎更可取,我深信不疑。因为命运如同女人,要想制服她,就必须强硬,甚至粗暴地对待她。看得出来,正是那些敢于如此对待她的人,比起畏首畏尾之辈，更容易让她俯首帖耳。而且，就像女人一样，命运总是偏爱年轻人，因为他们没有那么多顾忌，更加勇猛无畏，能够大胆地制服她。

第二十六章

论呼吁解放意大利,以摆脱蛮族统治

The Prince

我的脑海中反复琢磨着上面述及的各种议题，内心也在细细权衡：意大利当前是否正处在一个能让新君主赢得崇高荣誉的时代？而此刻，又是否为一位睿智且勇敢的领袖带来了既能成就个人辉煌又能造福全体意大利民众的绝佳机会？在我看来，诸多条件似乎都汇聚一堂，共同为这一事业添砖加瓦，因此我确信，当下无疑是最为有利的时机。一如前述：如果想展现摩西的英勇，就得让以色列子民在埃及为奴；如果想了解居鲁士的伟大和勇气，就得让波斯人受到米底人的压迫；如果想说明忒修斯的卓越，就得让雅典人四分五裂。那么，在这个时刻，为了证明某个意大利英雄的价值，就得让意大利陷入如今这般悲惨的境地——他们比希伯来人更像奴隶，比波斯人更受压迫，比雅典人更不团结；他们群龙无首，秩序尽失，屡遭重击，任人摆布，变得支离破碎，受尽欺凌。在各种毁灭性的打击下，他们被彻底遗弃，濒临崩溃。

尽管过往，人们或许已从某个人身上捕捉到了一丝曙光，从而揣测他是上帝遣来救赎意大利的使者；然而，观其后续行径，似乎不难发现，命运已悄然将他摒弃。因此，我们的国家气息奄奄，仍在殷殷期盼，期盼着那位英雄降临：抚平她的伤痛、制止伦巴第的烧杀掠夺、终结那不勒斯与托斯卡纳的巧取豪夺、治愈她因长久忽视而愈发溃烂的脓疮。

我们目睹了她如何向上帝祷告，期盼有英雄能从蛮族的残忍与压迫中拯救她。同样，我们也见证了她的迫切与热忱：一旦有人振臂一呼，她便会毫不犹豫地追随那面旗帜。然而，时至今日，除了您那以美德和好运著称、深得上帝与教会垂青（如今更执掌教廷大权）的显赫家族[①]，再难觅得一位真正的救世主来担当此重任。

对你们而言，这项任务并不会过于艰巨，只要你们时刻铭记前文提及的那些先贤，以及他们留下的生平事迹。尽管这些人物超凡脱俗、世间罕有，但他们终究也是凡人。他们无一拥有如你们当前这般绝佳的机会。他们肩负的使命，既不比你们的更为正义，也不比你们的更为容易；而上帝对他们的眷顾，也并不比对你们的更多。正义的事业熠熠生辉：

[①] 佛罗伦萨名门望族美第奇家族，包括同时代的教皇利奥十世乔万尼、内穆尔公爵朱利亚诺、教皇克雷芒七世朱利奥和乌尔比诺公爵皮耶罗。

必要的战争，即是正义的战争；当武器成为我们唯一的希望所在，它们就被赋予了神圣的意义。各地都怀揣着投身正义事业的深切愿望；只要你们按照那些楷模的行为方式去做事，那么在愿望强烈的地方，困难将不再是难以逾越的障碍。

更进一步，我们目睹了神的恩赐：海水为之分开；云彩伴你们前行；岩石涌出清泉；吗哪自天而降①。这些旷世奇景非同寻常，无不是为了铸就你们的伟大。为了不剥夺我们的自由意志，以及折损我们应得的荣耀，上帝从不大包大揽。剩余之事，还需你们亲自去成就。

如果我先前提及的那些意大利人，无一人能完成我们所寄望的、将由您那显赫家族来成就的事业，这并不令人惊讶。在频繁的革命与连绵的战争中，意大利的军事力量似乎已经消磨殆尽。这源于旧制度的弊端，以及我们之中无人能够开创全新的局面。对于国家的改革者来说，他所设计的新法律与新制度无疑能赋予他最大的荣耀；当这些新法律与新制度建立在坚实的基础之上，并具有远见卓识时，它们的制定者自然会赢得民众的钦佩与敬仰。在意大利，改革所需的条件一应俱全。尽管领导层羸弱，但民众的力量却十分强大。我

---

① 以上种种神迹，皆源自《旧约》的记载；吗哪是以色列人在荒野四十年间所食神赐之物。

们每天都能在单兵作战或小规模交战中看到，意大利人在力量、灵巧和智慧方面是多么出众。然而，当谈及军队时，他们却毫无优势可言。这无非是领导力量不足所致。那些自认为精通兵法的人往往不愿听从指挥，因为他们每个人都觉得自己有这份能耐。迄今为止，我们当中尚未出现一位能够凭借能力或运气脱颖而出、足以让同伴信服的人。因此，在这二十年的漫长岁月里，发生了无数场战争，每当出现一支纯粹的意大利军队时，都会被打得落花流水。首先是塔罗之役，然后是亚历山德里亚、加普亚、热那亚、维拉、博洛尼亚、梅斯特雷诸役，它们都见证了这一点。

若您那显赫的家族有意追随往昔那些拯救国家于危难的伟人足迹，那么，首要且至关重要的一步，便是打造一支国家军队，作为一切行动的基石。他们，无疑是最为勇敢、忠诚且值得信赖的勇士；即便他们个个骁勇善战，但当目睹君主亲自上阵指挥，并得到君主的赏识与嘉奖时，他们更会团结一心，表现得格外出色。因此，欲凭借意大利人的英勇精神抵御外族，首要之务便是组建一支强大的军队。

虽然瑞士与西班牙的步兵都堪称强大，但它们并非无懈可击。正因如此，那些遵循不同训练体系的部队，不仅能与之抗衡，更有可能将其击败。西班牙步兵难以抵挡骑兵的冲锋，而瑞士步兵在近距离遭遇同样坚决的对手时，往往会选择撤退。由此观之，西班牙步兵无法承受法国重骑兵的猛攻，已有先例；瑞士步兵对战西班牙步兵，败北亦非不可能。关于后者，尽管尚未出现完整的实例作为佐证，但拉韦纳战役已初见端倪。在那场战役中，纪律与瑞士步兵无异的德国步兵同西班牙人正面交锋。西班牙步兵凭借敏捷的身手，在圆盾的掩护下，硬生生地从德国步兵的长矛阵中杀出一条血路，随后严阵以待，准备与德国步兵展开肉搏。若不是骑兵及时发起冲锋，德国步兵此刻已无力招架，注定要被击溃得七零八落。

既然已经明了这些兵种各自的短处，您便可以依据一套全新的方法来训练军队，使他们既能抵挡骑兵的冲击，又不畏惧步兵的围攻。要做到这一点，无须组建任何新的部队，只需革新旧部队的纪律即可。这些举措，正是新君主在改革征途中树立声望、提升地位的关键所在。

意大利终于有机会看到她的救世主了，这一机会不容错失。在那些饱受外族铁蹄践踏的省份中，他将受到何等热烈的拥戴啊——人们心中怀揣着怎样的复仇烈焰，展现出何等坚定不移的忠诚，将付出无比崇高的奉献，以及洒下多少感激的泪水，这些情感之深重，非言语所能尽述。哪扇门胆敢向他紧闭？哪个人会不服从他的领导？又有哪种嫉妒能阻挡他前行的脚步？

哪个意大利人不向他致敬？野蛮的暴政臭名昭著，令人作呕。因此，愿您那显赫的家族，带着从事正义事业的全部勇气和满腔希望，担当起这项重任吧！在你们的旗帜飘扬之处，我们的国家将沐浴荣光，庄严辉煌；在你们的护佑之翼下，彼特拉克[①]的话语将逐一实现：

> 当英勇无畏直面野蛮的怒火，
> 战斗将如击石火般短暂；
> 因为那逝去时代的勇敢精神，
> 依旧在意大利人胸中熊熊燃烧。

[①] 彼特拉克：1304—1374，意大利诗人、学者，被誉为"人文主义之父"。诗句出自彼特拉克的名篇《我的意大利》。

附录
马基雅维利大事年表

1469 年

5月3日,尼科洛·马基雅维利出生于佛罗伦萨。

12月,"痛风者"皮耶罗去世,他的儿子洛伦佐·德·美第奇开始在佛罗伦萨掌权。

1478 年

4月26日,"帕齐阴谋",洛伦佐的弟弟朱利亚诺·德·美第奇遇刺身亡。

教皇西克斯图斯四世与佛罗伦萨交恶,那波利国王对佛罗伦萨宣战。

1479 年

12月，洛伦佐前往那波利，寻求和平，并于次年3月达成和平归来。

1490 年

萨沃纳罗拉来到佛罗伦萨传道，并于次年成为圣马可修道院院长。

1492 年

4月8日，"宽宏者"洛伦佐去世，他的儿子皮耶罗·德·美第奇开始掌权。

8月11日，教皇亚历山大六世就任。

1494 年

9月，法国国王查理八世入侵意大利。

11月，美第奇政权被推翻，"不幸者"皮耶罗流亡。

1498 年

4月8日，萨沃纳罗拉被捕，5月23日被处死后焚尸。

6月19日，被"大议会"任命为佛罗伦萨共和国第二秘书厅秘书长（第二国务秘书）。

7月14日，被任命为"战争十人委员会"（"自由与和平十人委员会"）秘书。

12月至次年3月，出使皮翁比诺领主亚科波·阿皮亚诺的领地，此为马基雅维利一系列外交出访之开端。

1499年

7月，出使弗利伯爵夫人卡泰丽娜·斯福尔扎的领地。

9月，前一年登上王位的法国国王路易十二入侵意大利，占领米兰。

11月，切萨雷·博尔贾开始在罗马涅作战，攻取伊莫拉和弗利等地。

1500年

5月10日，父亲贝尔纳多去世。

6月，路易十二答应派出军队协助佛罗伦萨夺取比萨，马基雅维利被派往比萨前线。

7月至11月，第一次出使法国国王路易十二的宫廷。

1501 年

8 月，与玛丽埃塔·科尔西尼结婚。

多次被派往佛罗伦萨的属地皮斯托亚处理该城的内乱。

1502 年

2 月，再次被派往皮斯托亚。

5 月，出使博洛尼亚领主乔万尼·本蒂沃利奥的领地。

6 月，陪同沃尔泰拉主教弗朗切斯科·索德里尼访问切萨雷·博尔贾的领地。

8 月至 9 月，被派往佛罗伦萨的属地阿雷佐，该城和基亚纳谷地在切萨雷·博尔贾的支持下，反叛佛罗伦萨。

9 月，皮耶罗·索德里尼当选为佛罗伦萨"终身正义旗手"。

10 月至次年 1 月，第二次出使切萨雷·博尔贾的领地，随军在罗马涅各处流动。

12 月，随切萨雷·博尔贾至切塞纳和塞尼加利亚。

1503 年

4 月，第一次出使锡耶纳领主潘多尔福·彼得鲁奇的领地。

8月18日,教皇亚历山大六世去世,10月18日,刚刚当选的教皇庇护三世去世。

10月至12月,第一次出使罗马教廷,报告尤利乌斯二世当选教皇。

1504年

1月至3月,第二次出使法国宫廷。

4月,第二次出使皮翁比诺领主亚科波·阿皮亚诺的领地。

11月,创作《十年纪》(第一),题献给阿拉曼诺·萨尔维亚蒂。

1505年

4月,出使佩鲁贾领主詹保罗·巴廖尼的领地。

5月,出使曼托瓦侯爵弗朗切斯科·贡扎加的领地。

7月,第二次出使锡耶纳领主潘多尔福·彼得鲁奇的领地。

8月,被派往比萨前线。

1506 年

8月至10月,第二次出使教廷;随尤利乌斯二世自维泰博至奥维多、佩鲁贾、乌尔比诺、切塞纳及伊莫拉。

12月6日,他提出的建立国民军法案在"八十人会议"和"大议会"获得通过。

1507 年

1月,出任新成立的"国民军九人委员会"秘书。

4月,路易十二再次入侵意大利,神圣罗马帝国皇帝马克西米利安也意欲南下意大利。

8月,出使锡耶纳会见教皇特使。

12月至次年6月,出使皇帝马克西米利安的宫廷,其间结识韦托里。

1508 年

8月,被派往比萨前线。

12月10日,反威尼斯的"康布雷联盟"成立,成员包括神圣罗马帝国、法国和西班牙。

1509年

4月至6月，深入比萨前线；6月8日，比萨投降。

5月14日，威尼斯人在阿尼亚代洛被康布雷联盟军队打败。

11月至12月，出使曼托瓦和维罗纳处理与皇帝相关事宜。

1510年

1月至5月，多数时间在佛罗伦萨乡村处理国民军事宜。

6月至9月，第三次出使法国宫廷。

1511年

9月至10月，第四次出使法国宫廷。

10月4日，反法"神圣同盟"成立（尤利乌斯二世与西班牙、威尼斯等结盟），驱逐路易十二。

1512年

4月11日，拉韦纳战役，法国军队击败"神圣同盟"联军，但主帅加斯东·德·富瓦阵亡；5月至6月法军退却，佛罗伦萨受到威胁。

8月，西班牙军队入侵佛罗伦萨，并在8月29日洗劫普拉托。

9月，佛罗伦萨投降，皮耶罗·索德里尼被驱逐，美第奇家族（枢机主教乔万尼、朱利亚诺）返回佛罗伦萨，佛罗伦萨国民军被解散。

11月7日，马基雅维利被免职；此后，又被驱逐出佛罗伦萨城一年，但不得离开佛罗伦萨领土；被禁止出入市政宫，并为此缴纳1000金币的保证金。

1513年

2月12日，被指控参与反美第奇家族的阴谋，被捕；经刑讯后入狱。

2月20日，尤利乌斯二世去世；3月15日，乔万尼·德·美第奇就任教皇，称为利奥十世。

3月12或13日，出狱；4月，隐居于佛罗伦萨城西南16公里处的佩萨河谷圣卡夏诺附近的佩尔库西纳的圣安德烈亚农庄（其间也曾返回佛罗伦萨），开始与韦托里通信。

7月至12月，写作《君主论》。

8月，小洛伦佐·德·美第奇开始在佛罗伦萨掌权。

1514 年

大约在此年,完成《十年纪》(第二)。

1515 年

1 月,路易十二去世,弗朗索瓦一世继位法国国王;9 月,法国夺取米兰。

大约从此年或 1516 年开始,经常参加科西莫·鲁切拉伊在佛罗伦萨"奥里切拉里花园"主持的人文主义者聚会,并开始创作《李维史论》。

1516 年

1 月,西班牙国王斐迪南去世,他的外孙查理一世(后来的皇帝查理五世)继位。

3 月 17 日,朱利亚诺·德·美第奇去世;8 月 18 日,小洛伦佐成为乌尔比诺公爵。

大约在此年的 3 月至 8 月之间,马基雅维利把《君主论》进献给了小洛伦佐。

1517 年

10 月 31 日,路德张贴《九十五条论纲》。

大约在此年完成《金驴记》；也很可能是在此年或1518年，完成《李维史论》。

1518年

1月，皇帝马克西米利安去世；6月，查理五世成为神圣罗马帝国皇帝。

3月至4月，代表佛罗伦萨商人前往热那亚。

开始创作喜剧《曼陀罗》，并大约在此年开始写作《战争的技艺》。

1519年

5月4日，小洛伦佐去世；枢机主教朱利奥·德·美第奇执掌佛罗伦萨政权。

很可能是在此年或1520年，完成《战争的技艺》。

1520年

7月至9月，在卢卡处理相关事务。

8月，写作《卡斯特鲁乔·卡斯特拉卡尼传》。

11月8日，接受枢机主教朱利奥的委任，撰写《佛罗伦萨史》。

12月,写作《论小洛伦佐去世后佛罗伦萨的政务》。

1521年

5月,出使卡尔皮小兄弟会大会;途经摩德纳,结识弗朗切斯科·圭恰尔迪尼,两人开始通信。

8月,《战争的技艺》出版。

11月,法国和西班牙为争夺意大利的控制权重新开战后,帝国军队占领米兰,法国势力被驱逐。

12月,教皇利奥十世去世;次年1月,阿德里安六世继任教皇。

1522年

5月底,一起针对枢机主教朱利奥的阴谋在佛罗伦萨遭到挫败,马基雅维利在鲁切拉伊花园的友人扎诺比·布昂德尔蒙蒂、路易吉·阿拉曼尼等人参与其中,被迫流亡。

6月13日,皮耶罗·索德里尼去世。

1523年

9月,阿德里安六世去世;11月19日,朱利奥·德·美第奇继任教皇,称为克莱门特七世。

1525 年

1 月，喜剧《克莉齐娅》上演。

2 月 24 日，法军在帕维亚战败，弗朗索瓦一世被俘，查理五世重新占领米兰。

5 月，来到罗马，将完成的《佛罗伦萨史》进献给教皇克莱门特七世。

6 月至 7 月，受教皇委派前往法恩扎，与圭恰尔迪尼磋商国民军事宜，无果而返。

8 月，受佛罗伦萨羊毛行业公会委派，前往威尼斯。

1526 年

4 月，受教皇委派，巡察佛罗伦萨的城防；5 月，出任佛罗伦萨城防委员会秘书。

5 月，获释的弗朗索瓦一世、克莱门特七世、米兰、威尼斯以及佛罗伦萨结成"干邑同盟"，反对皇帝查理五世。

7 月至 10 月，在同盟军军营中，配合教皇军的代理指挥官圭恰尔迪尼协调佛罗伦萨的防务。

1527 年

1 月至 4 月，奔波于同盟军之中。

5月6日,西班牙和神圣罗马帝国军队攻入罗马,洗劫罗马。

5月16日,佛罗伦萨的美第奇政权被推翻。

6月10日,竞选空缺的佛罗伦萨第二国务秘书失败。

6月21日,去世;次日被安葬于佛罗伦萨圣十字教堂。

1529年

10月,佛罗伦萨被围攻,次年被迫向帝国军队投降。

1531年

《李维史论》出版。

1532年

《君主论》与《佛罗伦萨史》出版。

1559年

著作被列入罗马教廷禁书目录。